So lernt man Go

CIP-Kurztitelaufnahme der Deutschen Bibliothek

Jäkl, Reingard
So lernt man Go: Regelbuch für Anfänger. –
1. Aufl. – Ravensburg: Maier, 1978.
ISBN 3-473-42800-0

Zeichnungen: Lob + Mattes Grafik Design
Fotos: Orion Press, Tokio; Sun Telefoto, Tokio
Umschlagentwurf: Manfred Burggraf
Gesamtherstellung: Ebner, Ulm

81 80 79 78 4 3 2 1

ISBN 3-473-42800-0

Inhaltsverzeichnis

Einleitung

Seit dem 2. Weltkrieg hat das Go-Spiel eine beispiellose Verbreitung in allen westlichen Ländern erfahren und scheint der gleichen Popularität zuzustreben wie in Japan, das 6–8 Millionen Spieler jeden Alters und Geschlechts zählt. Ungeachtet dieses modischen Trends ist Go ein sehr altes Spiel, das seinen Ursprung vor ca. 4000 Jahren in China hatte. Schriftlich erwähnt wurde es bereits 1000 v. Chr.
Von China gelangte das Spiel im 8. Jh. u. Z. auf dem Handelsweg über Korea nach Japan. Dort erhielt es die Bezeichnung Go. Es durfte zunächst nur am Hofe des Kaisers gespielt werden, später auch von den Fürsten und Wohlhabenden des Landes. Anfang des 13. Jh. war es ein beliebtes Spiel unter den Soldaten. An der im 17. Jh. gegründeten Go-Akademie unterrichteten Professoren, die ein staatliches Gehalt bezogen, Schüler aus den oberen Schichten des Landes. Die Meiji-Kaiser lösten 1868 diese Akademie auf. An ihre Stelle trat der Zentrale Go-Verein (Nihon Kiin), der das Spiel allen Schichten des Landes zugänglich machte. Go hat in Japan seine bisher höchste Entfaltung erlebt. Es ist so populär, daß die Spitzenspiele der Profis im Fernsehen übertragen werden. Die japanischen Spieler (davon allein ca. 1000 professionelle) dominieren in der ganzen Welt, und die japanischen Regeln und Begriffe werden allgemein anerkannt.
Von Anfang an wurde Go als etwas Besonderes angesehen. Seine enge Verbundenheit mit der Entwicklung östlicher Kultur spiegelt sich in zahlreichen Darstellungen in alten Drucken, Elfenbeinschnitzereien und Büchern wider. Die Erzählung Meijin des japanischen Literaturnobelpreisträgers Yasunari Kawabata schildert den spannenden Verlauf einer

Meisterpartie. Sie ist auf Englisch unter dem Titel »The Master of Go« erschienen. Eine deutsche Übersetzung gibt es leider nicht.
In Mitteleuropa ist Go seit der Jahrhundertwende bekannt. Das erste Buch in deutscher Sprache erschien 1881. Der Grazer Physikprofessor Pfaundler verfaßte 1908 das erste bedeutende deutschsprachige Lehrbuch. In Graz und später dann auch in Wien entstanden die ersten Go-Zirkel. Der Versuch Pfaundlers, eine Go-Zeitung herauszugeben, scheiterte allerdings, weil nur 60 Abonnenten gewonnen werden konnten. Besondere Förderung erlebte das Go-Spiel durch den Dresdner Bruno Rüger. Seiner ersten kurzen Spielanleitung, 1916 in einer Auflage von 10000 erschienen, folgte 1920 ein umfangreiches Lehrbuch, das mehrere Auflagen erlebte. Die Go-Zeitung wurde von ihm seit 1920 wieder herausgegeben. Diesen Arbeiten ist zu verdanken, daß in Deutschland die Zahl der Go-Spieler ständig wuchs und 1924 in München das erste deutsche Go-Turnier stattfinden konnte.
Das vorliegende Buch vermittelt die Grundkenntnisse des Go-Spiels. Dem Spieler, der seine Kenntnisse vertiefen möchte, raten wir, Kontakt zum regionalen Go-Verein aufzunehmen. Die Adressen findet er im Anhang.

Zeichenerklärung

⟐	◆	Möglichkeit für Weiß bzw. Schwarz, einen Stein zu setzen.
⊞	■	Bei zwei Möglichkeiten wird für die zweite dieses Symbol verwendet.
◎	◉	Im letzten Zug gesetzte Steine.
⊡	⊙	Alternative zum letzten Zug.
⊕	●	Isolierte Steine.
◈	▣	Neutrale Positionen, die sowohl von Weiß wie auch von Schwarz besetzt werden können.
	→	Äußere Freiheit.
	✶	Innere Freiheit.

Die Grundregeln

Go ist ein Kampfspiel, das geschickte Taktik, Strategie und Konzentrationsfähigkeit erfordert. Die einfachen Grundregeln und Spielmittel, mit denen sich unendliche Kombinationsmöglichkeiten entwickeln lassen, machen Go zu einem der faszinierendsten Spiele.

Go wird auf einem Spielbrett von zwei Personen gespielt. Die Spieler sitzen sich gegenüber, einer benutzt die schwarzen, der andere die weißen Steine. Zu Beginn des Spiels ist das Brett leer.

Anders als beim Schach wird Go auf den Punkten gespielt, die sich aus den Kreuzungen der Linien ergeben und nicht auf den Flächen, die von diesen Linien gebildet werden.

Der Spieler mit den schwarzen Steinen beginnt, indem er einen Stein auf einen beliebigen Schnittpunkt des Brettes setzt. Danach setzt der andere Spieler einen weißen Stein auf einen Schnittpunkt. In dieser Weise werden abwechselnd schwarze und weiße Steine gesetzt.

Ist ein Stein gesetzt, kann er während des ganzen Spiels nicht mehr bewegt werden. Mit einer Ausnahme: wenn ein Stein vom Gegner gefangengenommen ist, wird er vom Brett entfernt.

Ziel des Spiels ist es, freie Schnittpunkte (Gebiete) zu umschließen. Derjenige Spieler hat die Partie gewonnen, der am Schluß das größte Gebiet erworben hat, d.h. der die meisten Schnittpunkte mit seinen Steinen eingeschlossen hat.

Auch können gegnerische Steine umschlossen und geschlagen werden, aber das ist nicht das vorrangige Ziel des Spiels.

Das Spielmaterial

Das Go-Brett Das normale Go-Brett besteht aus 19 senkrechten und 19 waagrechten Geraden, die sich kreuzen und 361 *Schnittpunkte* bilden. Die senkrechten Linien erhalten von links nach rechts die Buchstaben A bis T (wobei I = J ist, die Beschriftung ist hier nicht immer einheitlich), die waagrechten Linien von unten nach oben die Zahlen 1 bis 19. Dadurch kann jeder Schnittpunkt gekennzeichnet werden, z. B. der Mittelpunkt des Brettes mit K10.

Diagramm 1

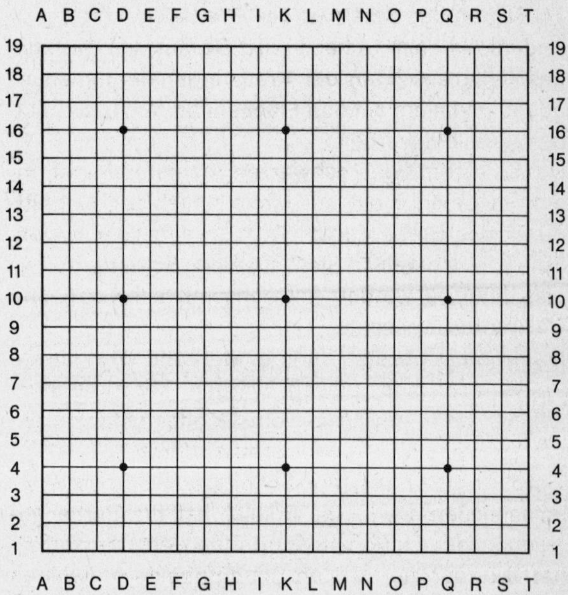

Die Schnittpunkte D4, D10, D16
K4, K10, K16
Q4, Q10, Q16
sind besonders hervorgehoben.

Es sind die sogenannten *Vorgabepunkte* (s. auch Vorgabespiel S. 109).
Sie heißen auf japanisch Hoshi (= Sterne).
Die Bereiche um die Vorgabepunkte heißen, ohne voneinander genau abgegrenzt zu sein,
Ecken (um die Punkte D4, D16, Q4, Q16)
Seiten (um die Punkte D10, K4, K16, Q10)
Mitte (um den Punkt K10).
Für den Anfänger ist es von Vorteil, ein kleineres Spielbrett zu benutzen. Die Spielzeit verkürzt sich, und das Spiel wird einfacher und leichter, ohne daß sein Reiz dabei verlorengeht.

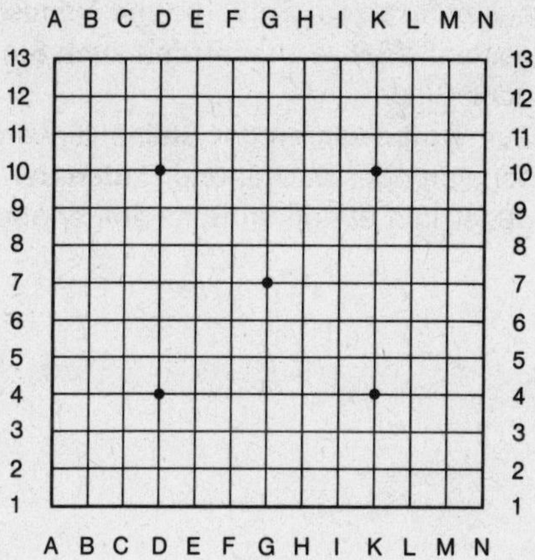

Diagramm 2

Bei Übungspartien können Bretter mit 15 × 15, 13 × 13, 11 × 11 und sogar 10 × 10 Linien verwendet werden. An den Spielregeln ändert sich dadurch nichts. Das kleine Spielbrett kann hergestellt werden, indem man einen Teil des normalen 19 × 19 Bretts mit einer Schablone überdeckt.
Bei Turnierspielen werden oft Go-Bretter benutzt, die die Form eines Tischchens haben. Sie sind 46 cm lang, 43 cm breit und 18,5 cm dick und aus japani-

schen Hölzern hergestellt. In letzter Zeit werden aber auch Plastikbretter, die eine Dicke von 1 – 2 cm haben, verwendet.

Die Steine

Den Spielern stehen 181 schwarze und 180 weiße, linsenförmige Steine zur Verfügung. Ihre Summe (361) entspricht der Anzahl der Schnittpunkte auf dem Spielbrett. Es tritt allerdings kaum der Fall ein, daß alle Steine im Verlauf einer Partie verwendet werden.

Die besonders schönen japanischen Steine werden aus schwarzem Schiefer und Venusmuscheln hergestellt. Weit verbreitet sind auch Steine aus Plastik oder Glas.

Zum Aufbewahren der Steine verwendet man Holzschalen oder Deckel und Boden der Schachteln, in denen die Steine im Spiel aufgehoben werden.

Das Ziel des Spiels

Ziel des Spiels ist es, *Gebiete* zu erobern. Derjenige Spieler gewinnt die Partie, der am Ende die meisten *Gebietspunkte* zählen kann.
Ein Gebiet besteht aus freien Schnittpunkten, die von Steinen der gleichen Farbe so umschlossen sein müssen, daß gegnerische Steine nicht eindringen und eigene lebensfähige Gebiete bilden oder Teile der das Gebiet umschließenden Steingruppe herausbrechen können.

Diagramm 3

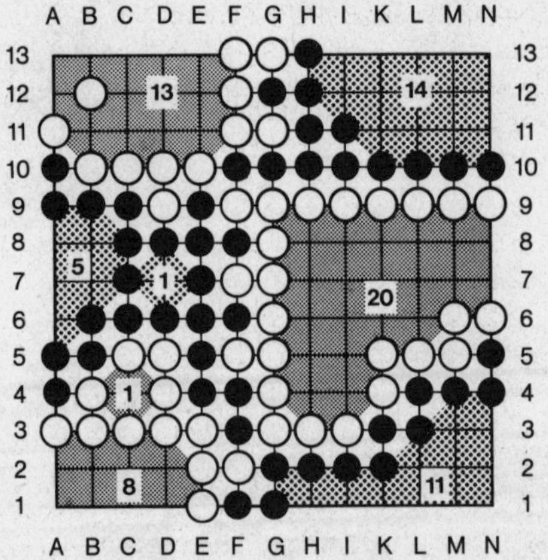

Das Diagramm zeigt das Ende einer Partie auf einem 13 × 13-Brett. Beide Parteien haben je drei Gebiete gewonnen. Um die Form der Gebiete deutlich zu zeigen, wurden diese mit Rastern hervorgehoben. Dieses Diagramm ist stark vereinfacht, um den Begriff *Gebiet* deutlich zu machen. Im tatsächlichen Spiel sind die Formen der Gebiete meist komplizierter. Jetzt sieht man deutlich, daß die Gebietsumrandung lückenlos von gleichfarbigen Steinen besetzt ist.

Kein gegnerischer Stein befindet sich innerhalb des eroberten Raumes.
Die Nummern zeigen die Anzahl der freien Schnittpunkte. Zusammengezählt hat Schwarz ein Gebiet von 14 + 11 + 5 + 1 = 31 und Weiß ein Gebiet von 20 + 8 + 1 + 13 = 42 Punkten erobert.
Weiß hat elf Punkte mehr als Schwarz, somit hat der Spieler mit den weißen Steinen die Partie mit elf Punkten gewonnen.

Das Setzen und Schlagen der Steine

Die Steine werden auf die Schnittpunkte der Linien gesetzt.

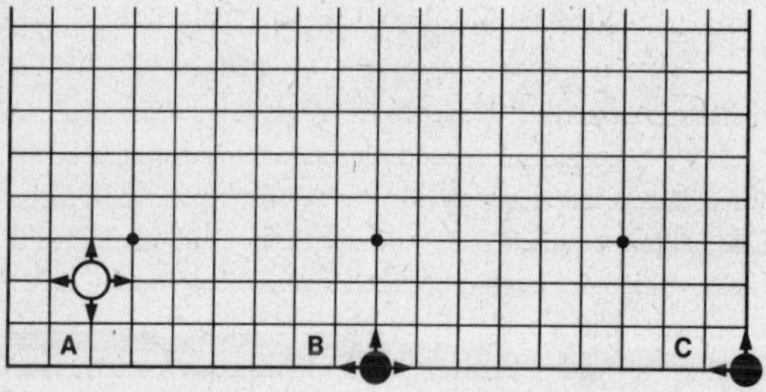

Diagramm 4

Stein A hat vier, Stein B drei, und Stein C zwei unmittelbar angrenzende Schnittpunkte (siehe Pfeile). Sie werden *Freiheiten* genannt. Angrenzende Schnittpunkte sind nur solche, die über die geraden Linien erreichbar sind, nicht über die Diagonale.
Man sagt: Stein A hat vier Freiheiten usw.
Sind alle benachbarten Schnittpunkte eines Steines von gegnerischen Steinen besetzt, hat er seine Freiheiten verloren. Der Stein ist geschlagen. Der Geg-

ner nimmt ihn vom Brett, wenn er ihm die letzte Freiheit genommen hat.
Eroberte Steine werden bis zum Ende des Spiels gesondert aufbewahrt, weil sie bei der Endabrechnung mit berücksichtigt werden.
Das Diagramm zeigt auch, daß Steine, die auf der Randlinie oder auf den Eckschnittpunkten liegen, besonders leicht zu schlagen sind. Die Randlinien gelten als natürliche Grenzen.
Am schwierigsten ist es, den Stein zu schlagen, der die meisten Freiheiten hat. Man wird deshalb bestrebt sein, die Freiheiten seiner Steine zu vermehren. Das ist dadurch möglich, daß man benachbarte Schnittpunkte mit eigenen Steinen besetzt und *Ketten* oder *Reihen* bildet.
Auf dem folgenden Diagramm sieht man, daß die Steine in einer Kette zusammen mehr Freiheiten haben als einzelne Steine und damit stärker geworden sind.

Diagramm 5

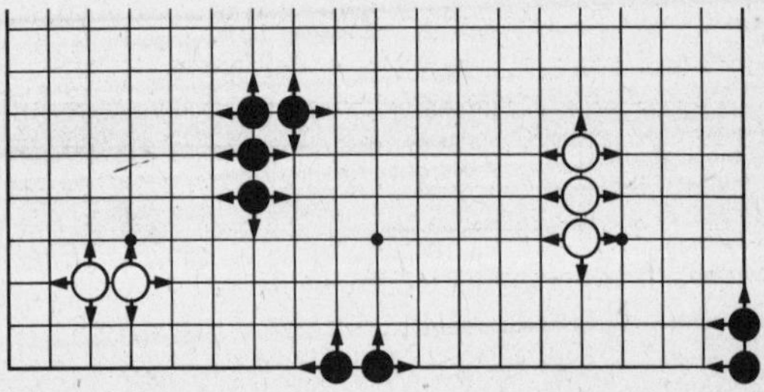

Steine, die durch gerade Linien miteinander verbunden sind, können vom Gegner dann geschlagen werden, wenn er alle ihre benachbarten Schnittpunkte (Freiheiten) besetzt hat.
Die schlagenden Steine müssen nicht in gerader Linie miteinander verbunden sein.

Der Spielablauf bei der Gefangennahme ist in den drei folgenden Diagrammen dargestellt.

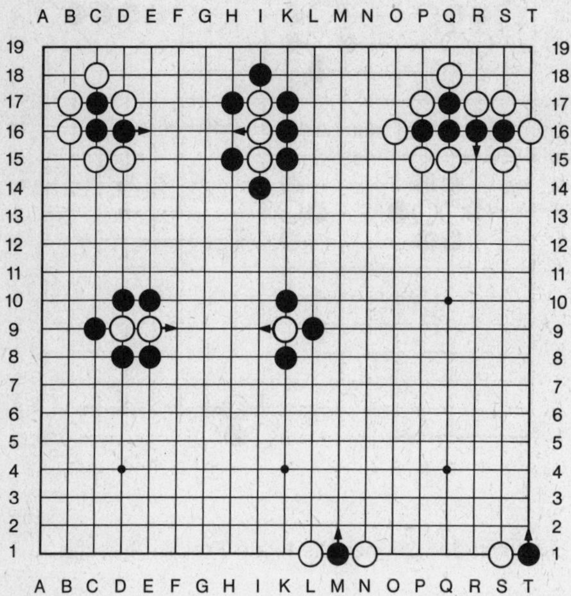

Diagramm 6.1

Zwei einzelne schwarze Steine und zwei schwarze Steingruppen sowie ein weißer Stein und zwei weiße Ketten haben noch je eine Freiheit (→).

Diagramm 6.2

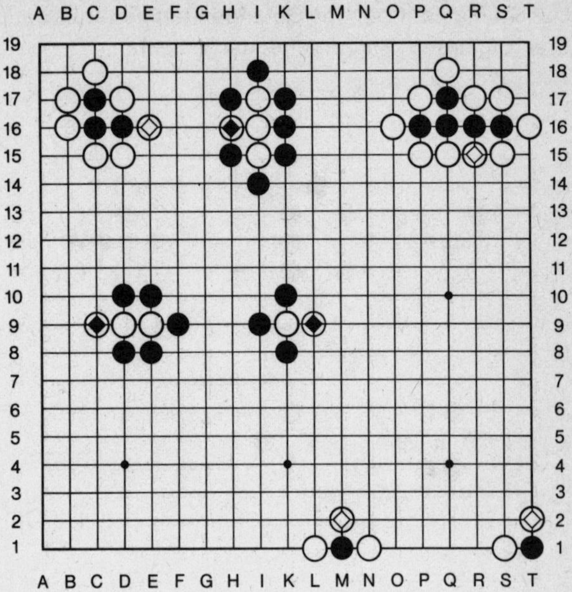

Jetzt hat der Gegner die letzte Freiheit besetzt.

Diagramm 6.3

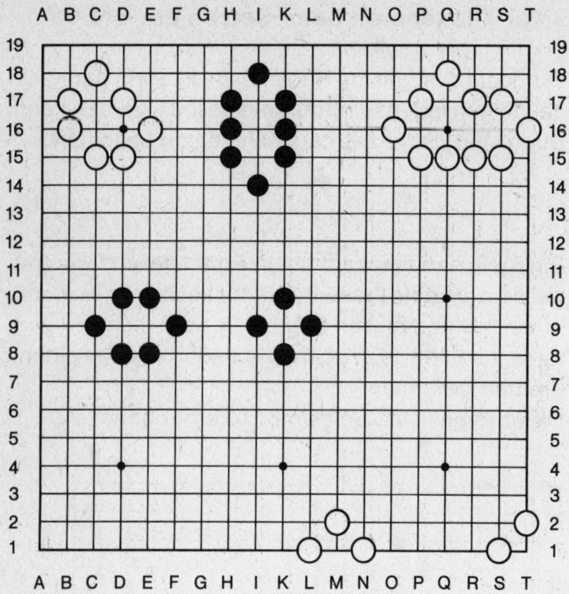

So sehen die Stellungen aus, wenn der Gegner die gefangenen Steine vom Brett entfernt hat.

Zwei Ausnahmen beim Setzen der Steine

Grundsätzlich gilt die Regel, daß ein Stein auf jeden beliebigen freien Schnittpunkt gesetzt werden kann. Doch sind dabei zwei Ausnahmen zu beachten.

»Selbstmord«-Verbot

Ein Stein darf nicht auf einen Punkt gesetzt werden, auf dem er keine Freiheiten mehr besitzt, es sei denn, er kann durch diesen Zug einen oder mehrere gegnerische Steine schlagen und dadurch seine eigene Freiheit gewinnen.
Diese Regel wird *Selbstmord-Verbot* genannt.

Diagramm 7

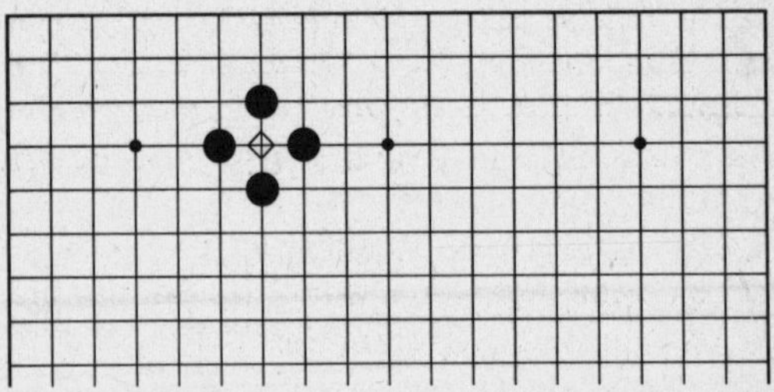

Weiß kann nicht auf den Punkt ⌖ setzen, denn auf diesem Punkt besäße der weiße Stein keine einzige Freiheit mehr.

Ko-Regel

Die Situation im folgenden Diagramm ist eine andere. Wenn Weiß einen Stein auf den Punkt ◇ setzt, so schlägt er den schwarzen Stein ⊡ und hat seine Freiheit gewonnen. Dieser Zug ist erlaubt.

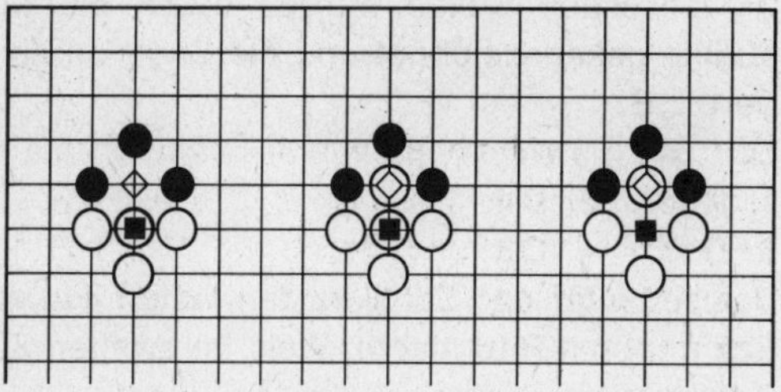

Diagramm 8

Nun könnte Schwarz sich im nächsten Zug wieder auf den Punkt ⊡ setzen und den weißen Stein entfernen. Da diese Zugfolge sich aber endlos wiederholen und das gesamte Spiel blockieren würde, tritt hier die *Ko-Regel* in Kraft.

Wird ein einzelner Stein geschlagen, so darf der Gegner den schlagenden Stein nicht im nächsten Zug zurückschlagen. Erst nach einem Zwischenzug – Schwarz muß seinen nächsten Stein auf irgendeinen anderen Punkt setzen – darf ⊡ von Schwarz wieder besetzt werden. Hat Weiß die Bedrohung inzwischen nicht abgewehrt, kann Schwarz auf den Punkt ⊡ setzen und den weißen Stein ◈ schlagen. Für Weiß, der als nächster am Zug ist, trifft wieder die Ko-Regel zu, wenn er den Punkt ◈ besetzen möchte. Durch den notwendigen Zwischenzug ist es aber wahrscheinlich, daß die geschilderte Wiederholungssituation nicht eintritt.

Die Ko-Regel betrifft nur einzelne Steine. Werden mehrere Steine zurückgeschlagen, kann das im unmittelbar folgenden Zug geschehen.

Spielaufzeichnung

Um mehrere Spielzüge oder ein ganzes Spiel aufzuzeichnen, sind zwei Methoden üblich.

1. Methode: Die gesetzten Steine werden durch die Schnittpunkte gekennzeichnet und die Züge durchnumeriert, z. B.

S	W
1. R16	2. D4
3. D17	4. Q3

Das bedeutet, daß Schwarz den ersten Zug auf den Schnittpunkt R16 macht; Weiß im zweiten Zug auf D4 setzt usw.
Das Gefangennehmen eines Steines wird mit + gekennzeichnet, das Schlagen von zwei Steinen mit +2, von drei Steinen mit +3 usw. Wenn z. B. Weiß im 42. Zug auf den Schnittpunkt M6 setzt und dabei fünf schwarze Steine schlägt, wird dieser Zug folgendermaßen aufgezeichnet:

42. M6 +5

2. Methode: Die Spielfolge wird grafisch dargestellt und die Steine in der Setzfolge numeriert wie im Diagramm gezeigt:

Diagramm 9

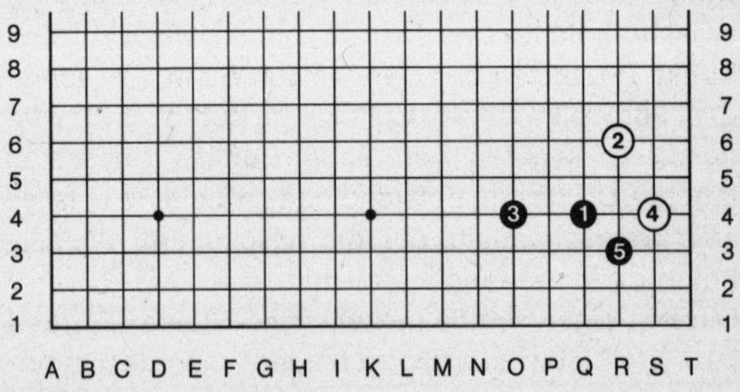

Im folgenden Text werden beide Methoden angewendet.

Techniken des Go-Spiels

Im Kampf um die Gebiete entstehen Situationen, in denen es notwendig ist, gegnerische Steine gefangenzunehmen. Man muß sich aber immer daran erinnern, daß der Gewinn von Gebietspunkten das Hauptziel des Spiels ist und das Schlagen nur diesem Zweck dienen darf, als Mittel zur Eroberung, Erweiterung oder Absicherung eines Gebiets.
Das Schlagen von Steinen ist nicht obligatorisch. Es hat auch schon berühmte Go-Partien gegeben, in denen kein einziger Stein geschlagen wurde. Eroberte Steine werden am Ende der Partie in das gegnerische Gebiet gesetzt. Wenn man die durch die Gefangennahme freigewordenen Schnittpunkte zum eigenen Gebiet zählen kann, bringt das Steineschlagen einen doppelten Gewinn: einmal vergrößert sich das Gebiet um die Zahl der freigewordenen Punkte, und zum anderen verkleinert sich das Gebiet des Gegners um die Anzahl der gefangengenommenen Steine, wenn sie zum Spielende in sein Gebiet gesetzt werden.
Die Grundregeln des Schlagens wurden bereits auf den Seiten 15ff. behandelt. In den nächsten Kapiteln folgen nun die Beschreibungen der häufigsten Einfangtaktiken und Beispiele dafür, wie man der bedrohlichen Situation entkommen kann.

Taktiken des Steinefangens

Das Atari Dem Zug, in dem der Gegner gefangengenommen wird, geht die unmittelbare Bedrohung, das *Atari* voraus. *Atari* ist die Spielsituation, in der ein einzelner Stein oder eine Steingruppe vom Gegner so umschlossen ist, daß nur noch eine Freiheit vorhanden ist. Besonders für den Anfänger ist es eine große Verlockung, den Gegner möglichst schnell in Atari zu setzen. Oft wird er von der Begeisterung, eine Atari-Situation aufzubauen, mitgerissen und versäumt es, die Züge des Gegners genau zu verfolgen. Ehe er sich versieht, können seine eigenen Steine umzingelt sein und sein Angriffsplan zusammenbrechen. Im günstigsten Fall sieht er sich selber in der Rolle des »Flüchtenden«, die immer eine schwache Position ist, denn der Gegner kann zu Zügen zwingen, die für die Gesamtstrategie wertlos sind.

Diagramm 10

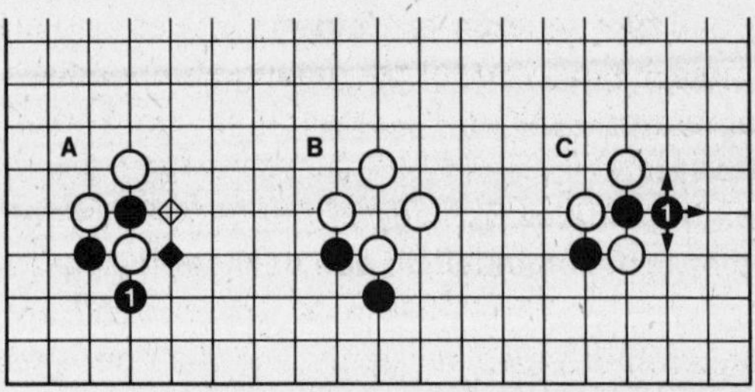

In Figur A setzt Schwarz mit ❶ einen weißen Stein in Atari. Er plant, im nächsten Zug auf ◆ zu setzen und einen weißen Stein zu schlagen. Dabei hat er aber völlig übersehen, daß Weiß im nächsten Zug auf ◇ setzen und einen schwarzen Stein gefangennehmen kann. Damit wäre der schwarze Angriff zerschlagen (Figur B). Schwarz sollte deshalb besser wie in Figur C spielen und aus dem Atari fliehen.

Die in Figur C gezeigte Flucht ist eine Möglichkeit, wie man dem Atari entkommen kann. Durch den Stein ❶ erhalten die beiden aneinandergefügten schwarzen Steine drei Freiheiten.
Die zweite Möglichkeit, dem Atari zu entkommen, ist die, daß Steine aus der Umzingelung herausgebrochen werden. Weiß hat dies in der Figur B demonstriert. Diese Methode kann manchmal bereits verloren geglaubte Steine retten, wie das nächste Beispiel zeigt.

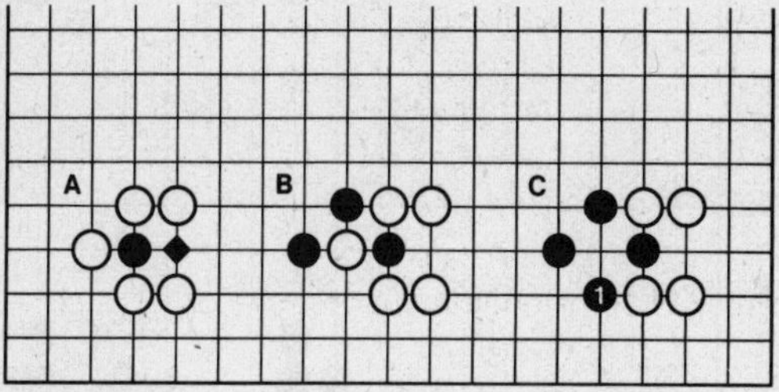

Diagramm 11

Der schwarze Stein in der Figur A scheint zunächst verloren. Auch eine Flucht auf den Punkt ◆ würde ihm nicht die lebensnotwendigen Freiheiten bringen. In der Figur B hat sich aber seine Situation durch die hinzugefügten schwarzen Steine entschieden geändert. Wenn Weiß versäumt, rechtzeitig den schwarzen Stein zu schlagen, schlägt Schwarz ❶ einen weißen Stein (Figur C). Damit ist der in Figur A bedrohte schwarze Stein durch das Aufbrechen der Umzingelung gerettet.

Im folgenden Diagramm werden verschiedene Spielsituationen gezeigt. Welche Steine sind in Atari? Welche Steine können der Bedrohung entfliehen und wie? Welche Steine sind verloren?

Diagramm 12

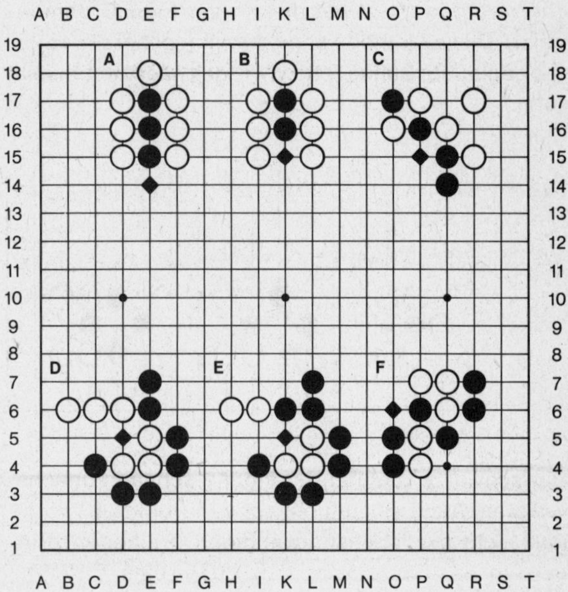

Figur A: Die drei schwarzen Steine E15, 16, 17 stehen in Atari, aber Schwarz kann sich durch Flucht auf E14 retten.

Figur B: Die zwei schwarzen Steine K16, 17 stehen in Atari. Sie sind verloren. Schwarz K15 kann die Bedrohung nicht abwenden, weil mit diesem Zug nur eine einzige Freiheit zu gewinnen ist. Weiß würde im nächsten Zug auf K14 die drei schwarzen Steine schlagen. Ein Fluchtversuch in dieser Situation kostet Schwarz also nur noch einen weiteren Stein; er wird ihn deshalb nicht unternehmen.

Figur C: Der schwarze Stein P16 steht in Atari. Schwarz setzt auf P15 und ist der Gefahr entronnen.

Figur D: Schwarz hat die drei weißen Steine D4, E4, 5 in Atari gesetzt. Der schwarze Spieler braucht keine Hemmungen zu haben, auf den Punkt D5 zu setzen, nur weil er irrtümlich glaubt, durch diesen Zug seinerseits in das Atari von Weiß zu geraten. Durch die Gefangennahme der weißen Steine entfällt diese Gefahr (siehe Diagramm).

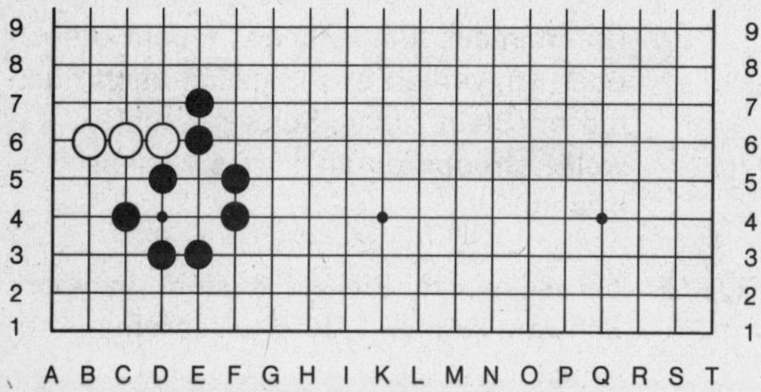

Diagramm 12D

Ist Weiß am Zuge, so kann er sich aber durch Setzen auf D5 retten.

Figur E: Diese Steinkonstellation unterscheidet sich nur in einem einzigen Punkt von der vorhergehenden. K6 ist hier von einem schwarzen Stein besetzt.
Dieser Unterschied ergibt für Weiß ein Atari, dem er nicht entrinnen kann.

Diagramm 12E

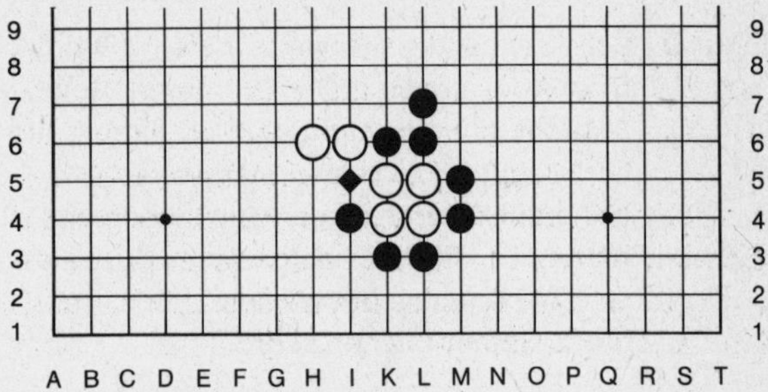

Unternimmt Weiß einen Fluchtversuch über K5, verliert er zusätzlich auch noch diesen Stein, denn Schwarz schlägt die weiße Gruppe durch I5 (◆) (siehe Diagramm).

Figur F: Der schwarze Stein P6 steht in Atari. Schwarz kann mit O6 die Bedrohung abwenden.
Sollte Schwarz im Eifer des Spieles die Gefahr durch Weiß übersehen und – im Glauben, dadurch Weiß mit Atari zu bedrohen – auf Q4 setzen, so ist dies ein Irrtum, denn Weiß setzt mit seinem nächsten Zug auf O6 und schlägt den schwarzen Stein P6, der ein Teil der Umklammerung der weißen Steine war.

Die richtige Reaktion auf ein Atari ist, daß man genau prüft, ob es einen Fluchtweg gibt oder ob es gelingt, mindestens einen der bedrohenden Steine herauszubrechen. Gibt es keine dieser beiden Möglichkeiten, empfiehlt es sich, die Stellung rechtzeitig aufzugeben, damit der Verlust nicht noch vergrößert wird. Der angreifende Spieler wird bestrebt sein, Atari-Situationen zu schaffen, denen der Gegner nicht entrinnen kann.

Doppel-Atari

Der gleichzeitige Angriff auf zwei verschiedene Steine oder Steingruppen mit einem einzigen Zug wird *Doppel-Atari* genannt. (Doppelangriffe sind auch aus anderen Brettspielen wie Schach oder Mühle bekannt.) Da die doppelte Bedrohung nicht gleichzeitig abgewendet werden kann, gehen auf jeden Fall Steine verloren.

Diagramm 13

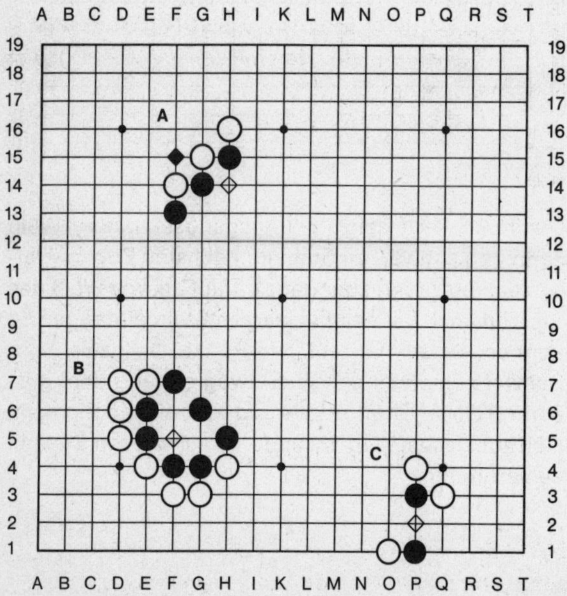

In der Figur A kann Schwarz durch F15 Weiß in Doppel-Atari setzen. Weiß kann durch H14 Schwarz in Doppel-Atari setzen. In der Figur B setzt Weiß Doppel-Atari durch F5.
In der Figur C setzt Weiß durch P2 die schwarzen Steine in Doppel-Atari.

»Gerader Balken« – Steine auf der Randlinie

Steine, die sich auf dem Brettrand oder auf der zweiten Linie befinden, können sehr leicht in die Enge getrieben werden.
Die folgende Spielsituation wird *gerader Balken* genannt:

Diagramm 14.1

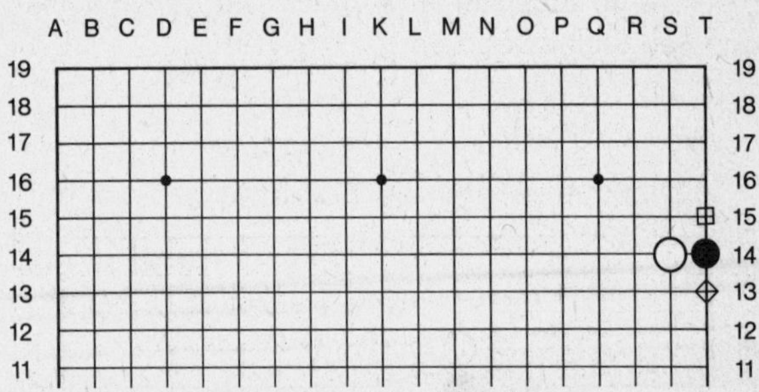

Diagramm 14.1 zeigt die Ausgangssituation. Weiß kann den schwarzen Stein im nächsten Zug in Atari setzen. Es kommt aber ganz darauf an, wie Weiß das Atari ansetzt, um den schwarzen Stein einfangen zu können. Setzt Weiß auf den Punkt ⌖, gewährt er Schwarz einen langen Fluchtweg entlang dem größeren Teil des Brettrandes und evtl. die Möglichkeit, sich auf diesem Weg mit anderen schwarzen Steinen zu verbinden.

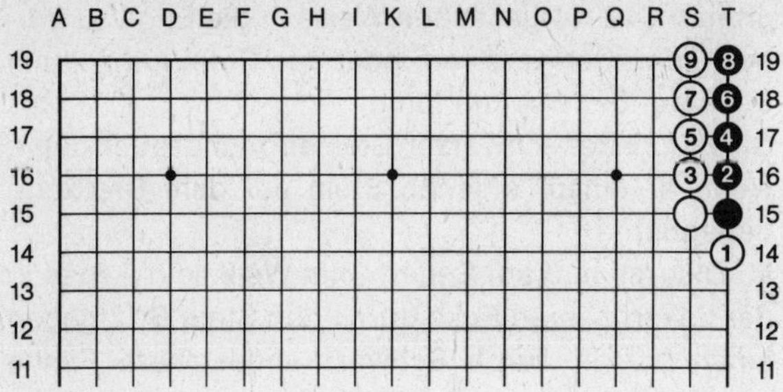

Diagramm 14.2

Setzt Weiß das Atari auf Punkt ⊞, so ist der schwarze Stein verloren und mit ihm alle weiteren Steine, mit denen Schwarz sich zu retten versucht, wie Diagramm 14.2 zeigt.
Mit dem Stein ⑨ hat Weiß alle fünf schwarzen Steine gefangen.
Für Schwarz wäre es besser gewesen, nach dem weißen Stein ① aufzugeben, um seinen Verlust nicht noch zu vergrößern.

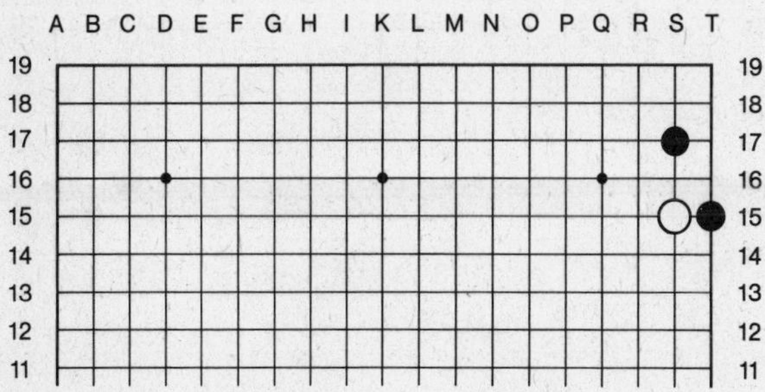

Diagramm 14.3

Der gerade Balken ist nur dann eine erfolgreiche Fangtaktik, wenn der Gegner auf seinem Fluchtweg keine eigenen Steine vorfindet.
In der in Diagramm 14.3 gezeigten Steinanordnung kann es Weiß nicht gelingen, Schwarz in der in Dia-

gramm 14.2 dargestellten Weise in die Enge zu treiben, denn Schwarz verbindet den Stein mit seinem Stein auf der zweiten Linie.
Die Flucht des schwarzen Steines gelingt auch dann, wenn er einem eigenen Stein auf dem Brettrand begegnet.
Im Diagramm 3 auf Seite 14 hat Weiß sein Gebiet in der linken oberen Ecke durch den Stein B12 gegen einen Angriff durch Schwarz abgesichert. Fehlte dieser Stein, könnte Schwarz in der oben beschriebenen Weise in das weiße Gebiet eindringen.

Steine auf der zweiten Linie

Ein Stein auf der zweiten Linie scheint zunächst nicht so gefährdet, wie ein Stein auf dem Brettrand, denn er hat vier Freiheiten. Das nächste Beispiel zeigt, wie man diesen Stein an den Brettrand drängen und einfangen kann.

Diagramm 15.1

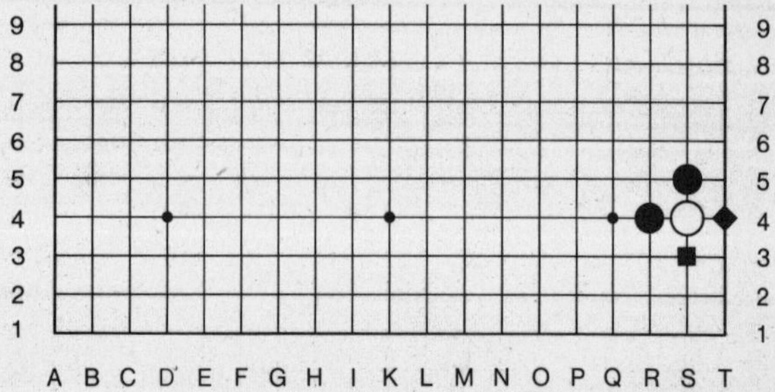

Der weiße Stein in Diagramm 15.1 befindet sich in Gefahr. Hat es Weiß versäumt, sich rechtzeitig abzusichern, so kann Schwarz mit dem nächsten Zug auf Punkt ◆ oder ■ Weiß in Atari setzen. Setzt Schwarz auf ◆, wäre das ein Fehler, denn Weiß könnte über den Punkt ■ fliehen.

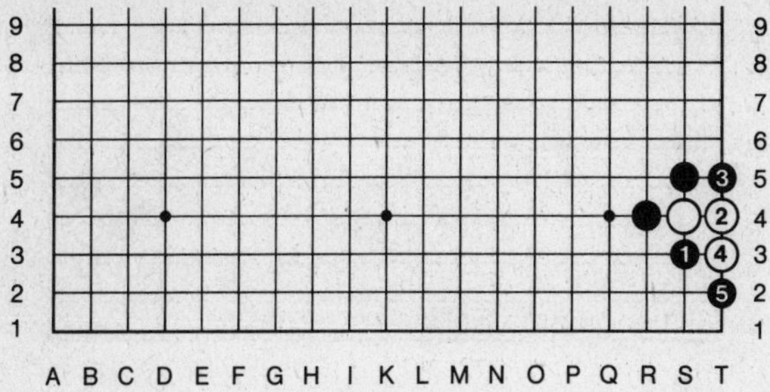

Diagramm 15.2

Um den weißen Stein einzufangen, muß Schwarz auf den Punkt ■ setzen. Diagramm 15.2 zeigt, daß in diesem Fall Weiß keine Fluchtchancen hat. Auch hier hätte Weiß besser nach dem schwarzen ❶ aufgegeben und zusätzliche Verluste vermieden.

Zum Einüben der oben beschriebenen Fangtechnik dient das nächste Beispiel.

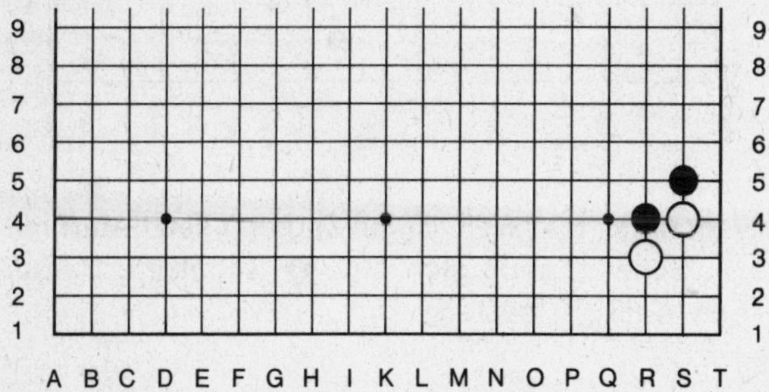

Diagramm 16.1

Diagramm 16.1 zeigt die Ausgangsposition. Wie kann Weiß, bzw. Schwarz den Gegner in die oben beschriebene aussichtslose Position drängen?

Diagramm 16.2

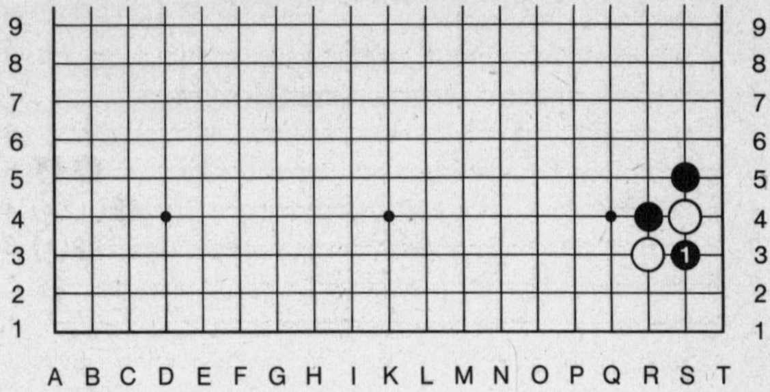

Lösungen:
Diagramm 16.2: Schwarz ist am Zug und setzt ❶

Diagramm 16.3

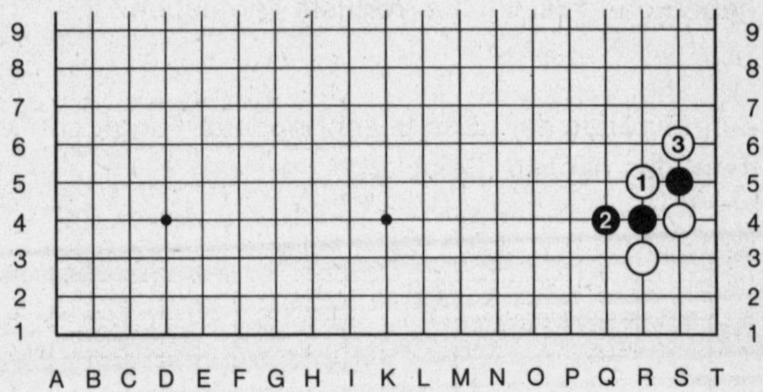

Diagramm 16.3: Weiß ist am Zug und setzt Atari mit ① . Schwarz muß sich mit ❷ schützen. Darauf kann Weiß ③ setzen.

Shicho – »Treppe« oder »Leiter«

Eine Spielsituation, wie sie in Diagramm 17.1 dargestellt ist, bietet Schwarz die Möglichkeit, Weiß mittels der *Treppe* oder *Leiter* (*Shicho*) an die schwarze Steinmauer zu drängen und gefangenzunehmen. Die Funktion der Steinmauer kann auch der Brettrand erfüllen.

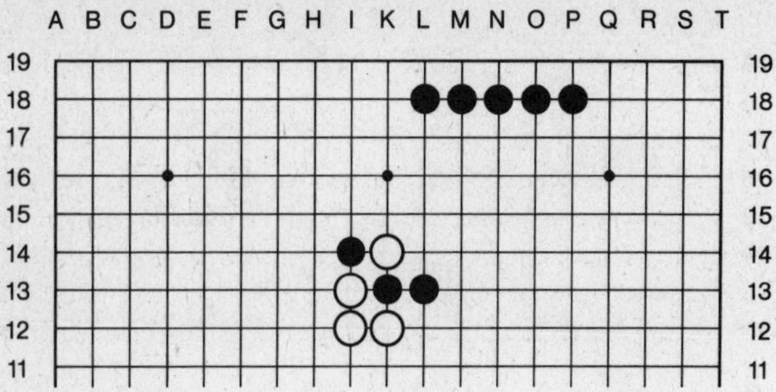

Diagramm 17.1

Schwarz hat zwei Möglichkeiten, Weiß in Atari zu setzen und muß die richtige wählen, um Weiß einfangen zu können.

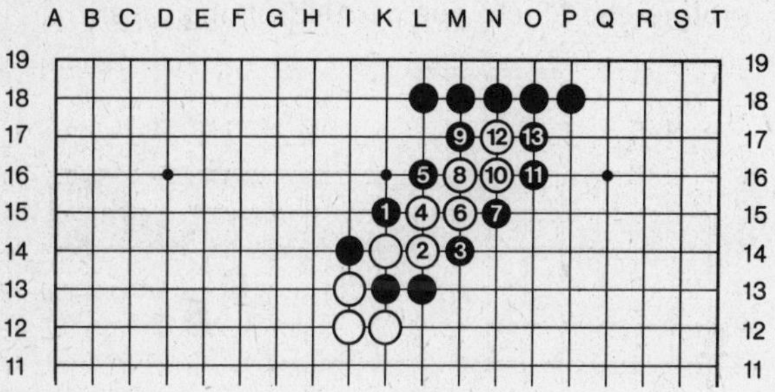

Diagramm 17.2

Diagramm 17.2 zeigt, wie Schwarz spielen muß, um zum Ziel zu gelangen.
Schwarz verfolgt die weißen Steine, indem er sie immer wieder in Atari setzt, bis für Weiß die Flucht an der schwarzen Steinmauer (das kann auch die Randlinie sein) zu Ende ist und alle Steine verliert.
Um Steine mit der Treppe einzufangen, ist es nötig – wie bei allen bisher gezeigten Fangbeispielen – das Atari am richtigen Punkt anzusetzen, damit der Gegner in eine bestimmte Fluchtrichtung gezwungen wird, aus der es keinen Ausweg gibt.

Diagramm 18.1

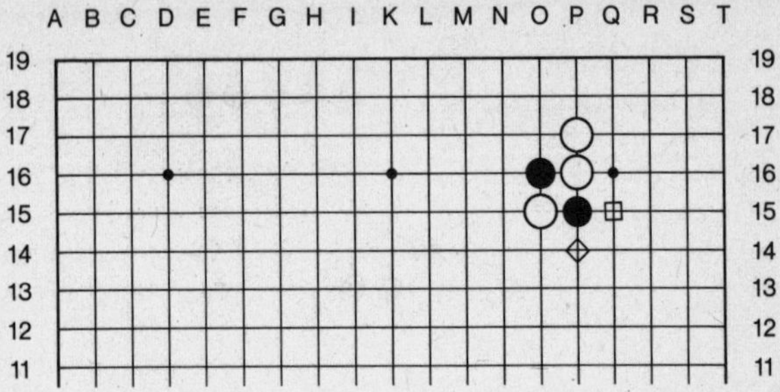

Dieses Beispiel zeigt, wie aus einer Steinanordnung die Treppe entwickelt werden kann.
Würde Weiß bereits im nächsten Zug auf ⊞ oder ⟐ Schwarz in Atari setzen, könnte sich Schwarz durch erfolgreiche Flucht aus der Bedrohung lösen.

Diagramm 18.2

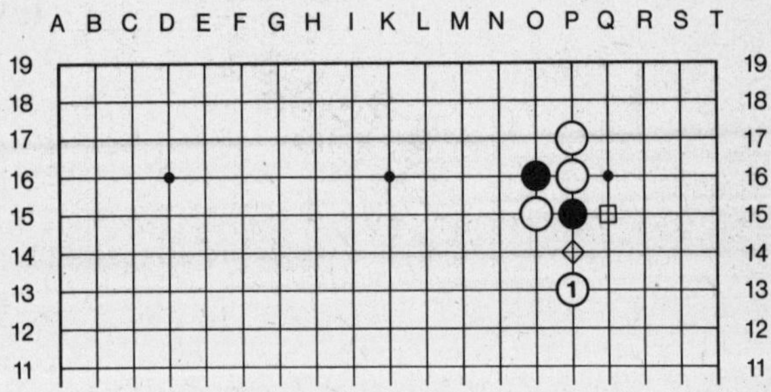

Um ein Shicho einzuleiten, muß Weiß zunächst ① setzen. Übersieht Schwarz diese Drohung, kann Weiß mit dem nächsten Zug den Ansatz für die Treppe legen. Weiß hat zwei Möglichkeiten, ⊞ oder ⟐, Schwarz in Atari zu setzen.

Diagramm 18.3

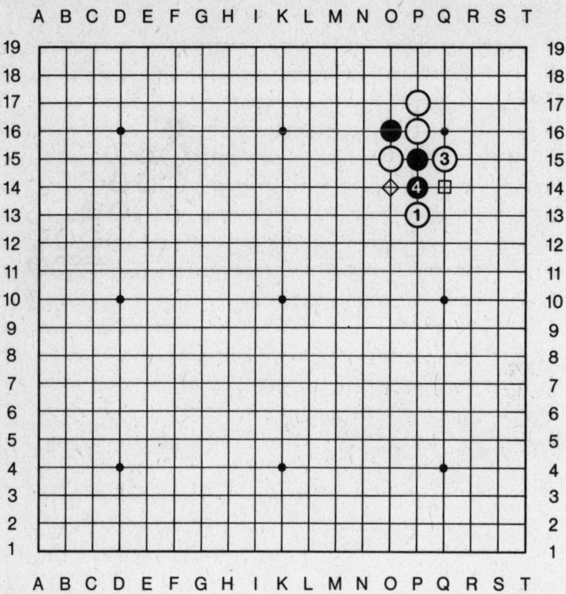

Schwarz hat den Fehler begangen, seinen Stein (im Anschluß an ①) irgendwo auf dem Brett so zu setzen, daß Weiß darauf nicht zu reagieren braucht, sondern mit ③ Schwarz in Atari setzen und gleichzeitig den Fluchtweg der schwarzen Steine in Richtung des weißen Steines ① lenken kann. Wieder muß sich Weiß entscheiden, mit welchem Zug (auf ⊕ oder ⊞) er Schwarz weiter bedrängt. Setzt er auf ⊞, kann Schwarz über den Punkt ⊕ fliehen und dabei Weiß in Atari setzen.

Diagramm 18.4

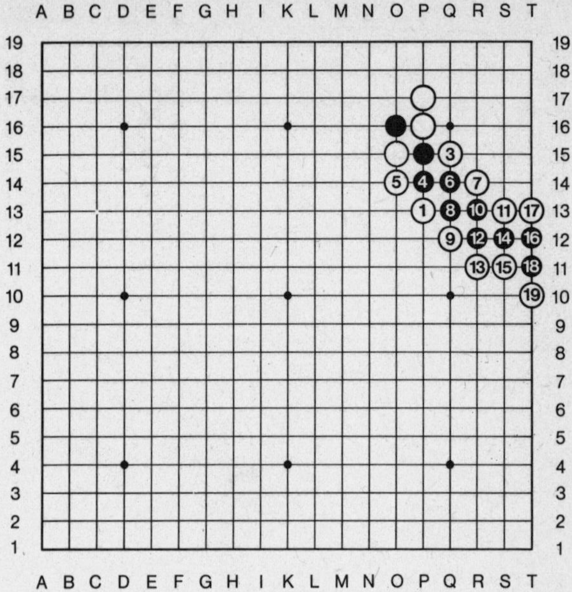

Der richtige Zug für Weiß ist deshalb auf ⊕. Damit zwingt er Schwarz zur Flucht in Richtung Brettrand. Weiß gewinnt die Stellung und fängt neun schwarze Steine, falls Schwarz nicht so klug ist und rechtzeitig aufgibt.

Die Treppe ist nur dann eine erfolgreiche Fangtechnik, wenn der Gegner auf seinem Fluchtweg keine Unterstützung durch eigene Steine findet. Man muß sich deshalb genau überlegen, wohin man den Gegner drängen will und darauf achten, ob er in diesem Bereich Steine stehen hat, mit deren Hilfe er sich aus dem Angriff lösen kann.
Die oben gezeigte Spielsituation nimmt einen völlig anderen Verlauf, wenn ein schwarzer Stein ◈ wie in Diagramm 19.1 postiert ist.

Diagramm 19.1

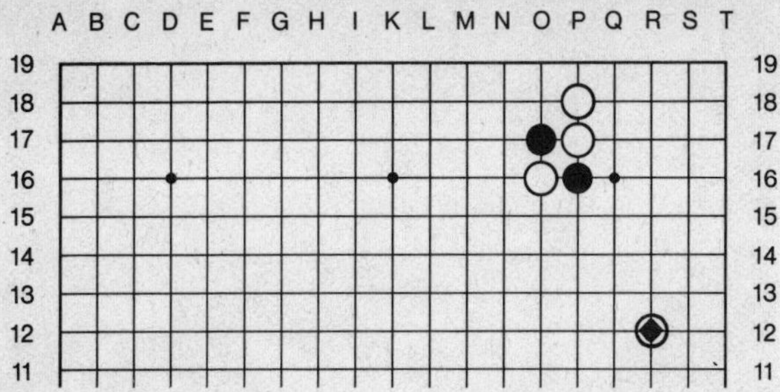

Verfolgt Weiß die schwarzen Steine in der oben gezeigten Weise, kann Schwarz durch ⓬ seine Steine mit ◈ verbinden, und die Spielsituation verändert sich zugunsten von Schwarz (Diagramm 19.2).

Diagramm 19.2

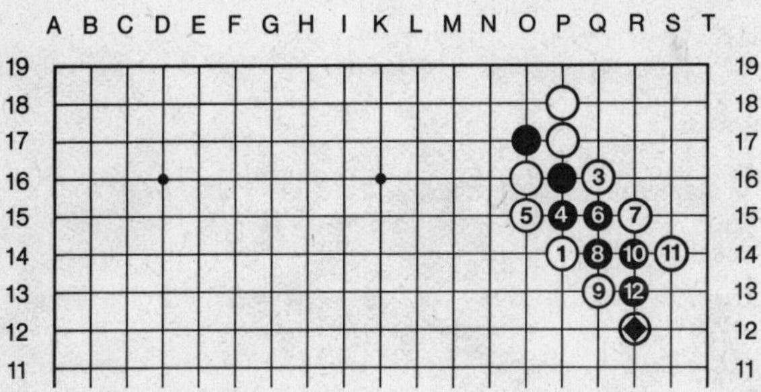

Die schwarzen Steine sind stabil verbunden, während die weißen, nur diagonal verbunden, von Schwarz an mehreren Punkten geschnitten werden können und dann durch Doppel-Atari in große Schwierigkeiten kommen.

Weiß wird also bei einem Spielstand, wie ihn Diagramm 19.1 zeigt, durch das Vorhandensein des schwarzen Steines ◈ sich veranlaßt sehen, hier kein Shicho einzuleiten.

Geta Das Beispiel 18 auf Seite 39 hat gezeigt, daß es nicht immer sinnvoll ist, Steine auf die Weise einzufangen, daß man unmittelbar Atari setzt. Oft ist ein vorbereitender Zug notwendig, um eine günstige Atarisituation zu erreichen.
Die Methode des Einfangens von Steinen durch einen vorbereitenden Zug, der dem Gegner den Fluchtweg abschneidet, wird *Geta* (Fangen aus der Entfernung) genannt.

Diagramm 20.1

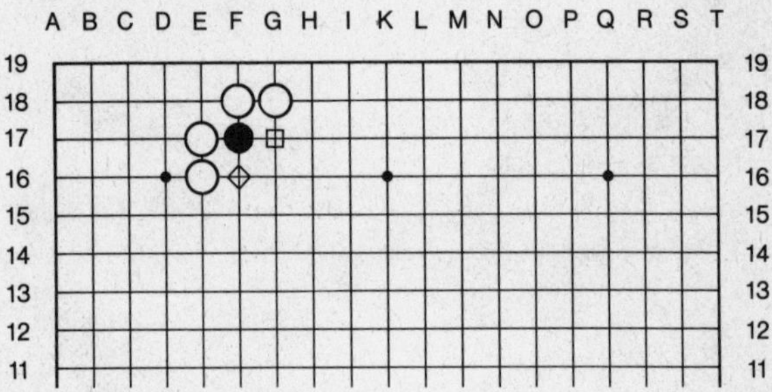

Der schwarze Stein in Diagramm 20.1 soll gefangen werden.
Setzt Weiß Atari auf Punkt ⊕ bzw. ⊞, wird Schwarz die Flucht über ⊞ bzw. ⊕ gelingen.

Diagramm 20.2

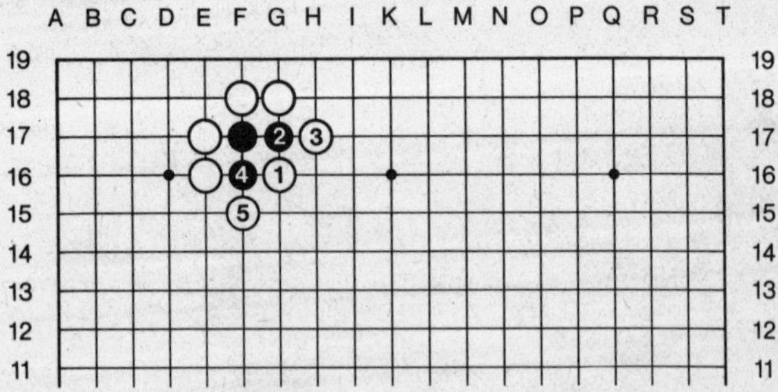

Diagramm 20.2 zeigt, wie Weiß durch Geta ① Schwarz die Flucht aus dem Atari unmöglich macht.

Semeai

In Diagramm 21.1 haben sich die schwarzen Steine ● und die weißen Steine ⊕ gegenseitig isoliert.

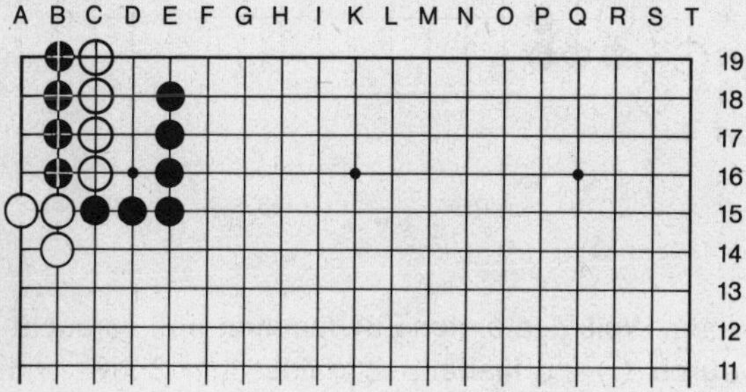

Diagramm 21.1

Diese Konstellation heißt *Semeai* (Tötungswettkampf).

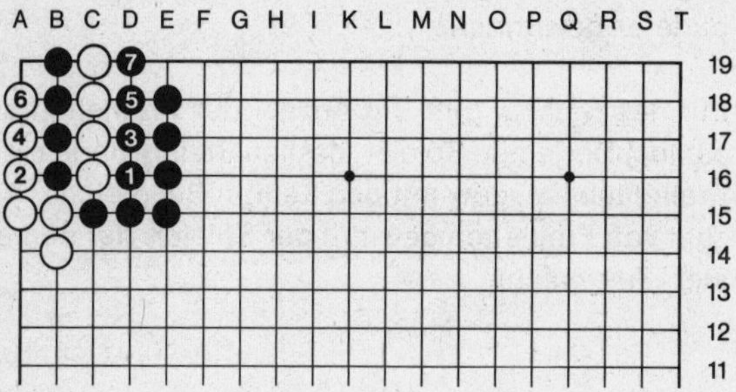

Diagramm 21.2

Jetzt beginnt der Wettlauf, wer zuerst die Steine des Gegners schlagen kann. In Diagramm 21.2 ist Schwarz am Zuge, und da jede Gruppe die gleiche Anzahl von Freiheiten hat, gewinnt Schwarz den Kampf.

Diagramm 21.3

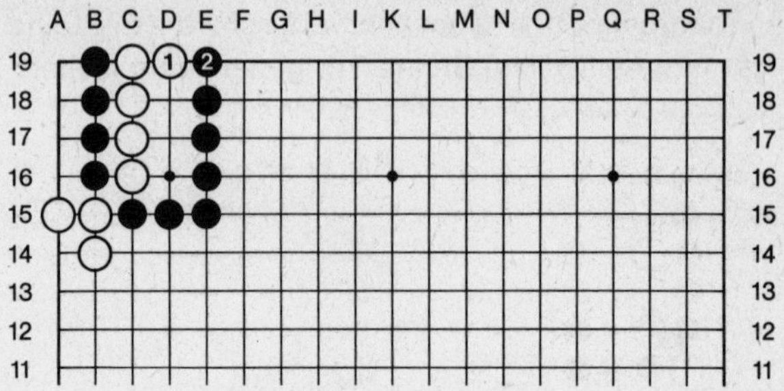

Kann Weiß den ersten Zug machen und versucht er durch ① zu fliehen, schneidet ihm Schwarz den Weg mit ❷ ab (Diagramm 21.3).
Jetzt haben die weißen Steine eine Freiheit weniger als die schwarzen, und Weiß verliert das Semeai.
Hätte Weiß genauso wie Schwarz in Diagramm 21.2 begonnen, die gegnerischen Steine einzukreisen, hätte er gewonnen.

Für das Semeai gilt: Die Anzahl der Freiheiten abzählen. Derjenige Spieler, dessen Steingruppe mehr Freiheiten hat, gewinnt den Kampf. Bei gleicher Anzahl von Freiheiten gewinnt der Spieler, der den ersten Zug macht.

Opfersteine Das Opfern eigener Steine, um dadurch eine Spielsituation zu erzwingen, in der dem Gegner ein größerer Schaden zugefügt werden kann, ist eine oft verwendete Fangtechnik.

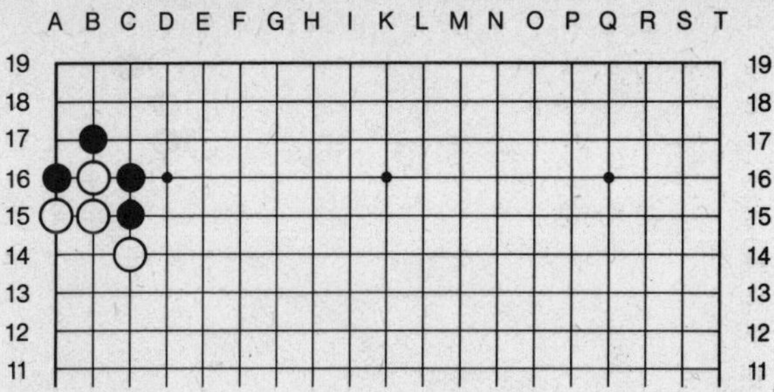

Diagramm 22

Weiß bedroht auf A15 den schwarzen Stein A16. Schwarz könnte diesen Stein leicht schützen, wenn er auf A17 zöge.
Vorteilhafter für Schwarz ist es aber, auf B14 zu ziehen und die drei weißen Steine (A15, B15, 16) in Atari zu setzen.
Weiß kann über A14 nicht fliehen, denn sonst schlägt Schwarz durch A12 sogar vier weiße Steine. Weiß hat eine einzige Möglichkeit, den Verlust zu verringern, wenn er auf A17 zieht und den schwarzen Stein A16 schlägt.
Schwarz setzt im nächsten Zug auf A14. Ein Fehler von Weiß wäre es, auf A16 zu setzen, denn damit wären fünf weiße Steine verloren.
Schwarz auf A16 schlägt drei weiße Steine.
Für Schwarz war es vorteilhaft, das Atari von Weiß zu ignorieren und einen Stein zu opfern, um mindestens drei weiße Steine zu schlagen.

In der folgenden Spielsituation ist der weiße Stein Q19 von Schwarz in Atari gesetzt worden. Mit dem Zug auf P19 könnte Weiß fliehen und gleichzeitig seine Steine verbinden.
Dem weißen Spieler bieten sich aber viel günstigere Spielweisen an, wenn er den einen Stein opfert und dafür mindestens drei schwarze Steine schlagen kann.

Diagramm 23

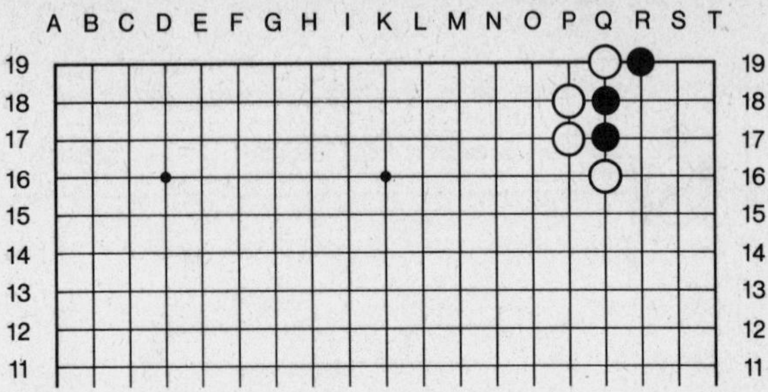

1. Lösung: Schwarz hält seinen Verlust so klein wie möglich.
Weiß auf R17, Schwarz auf I19 + 1
Weiß auf R18, Schwarz auf O18
Weiß auf S19 (nicht sofort Q19, sonst würde Schwarz durch Q18 einen weißen Stein schlagen)
Schwarz auf O19, Weiß auf Q19 + 3.

2. Lösung: Schwarz versucht zu fliehen und vergrößert seinen Verlust.
Weiß auf R17, Schwarz auf P19 + 1
Weiß auf R12, Schwarz auf Q19 (versucht, seine Steine zu verbinden)
Weiß auf O19, Schwarz auf S19
Weiß auf S13, Schwarz auf T19
Weiß auf T18 + 7.
Der Fehler von Schwarz ist für Weiß nur dann vorteilhaft, wenn er durch O19 den Fluchtweg nach links abschneidet und Schwarz in die Ecke drängt.

3. Lösung: Auch durch diesen Fluchtversuch vergrößert Schwarz seinen Verlust.
Weiß auf R17, Schwarz auf R18
Weiß auf S18, Schwarz auf P18 + 1
Weiß auf S19, Schwarz auf O18
(Schwarz hat jetzt erkannt, daß er nur nach links fliehen kann)
Weiß auf Q19 + 4.

Im folgenden Beispiel kann Weiß dadurch, daß er einen Stein opfert, Schwarz schlagen und ein Gebiet erobern.

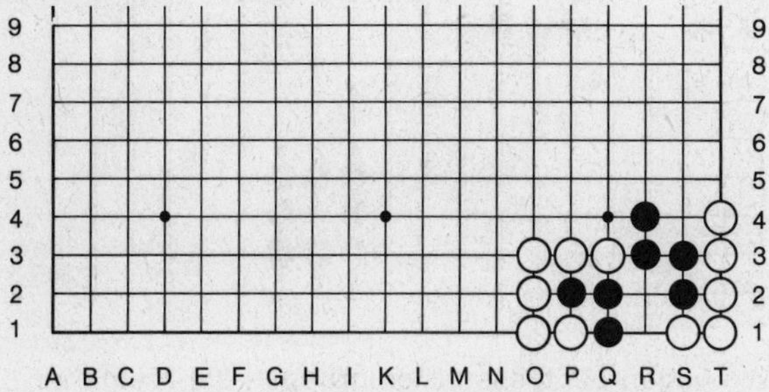

Diagramm 24

Greift Weiß die drei schwarzen Steine (P2, Q1, 2) durch R1 an, setzt Schwarz auf R2 und verbindet seine beiden Steingruppen. Weiß muß deshalb auf R2 setzen und sich durch Schwarz auf R1 schlagen lassen. Jetzt kann Weiß wieder auf R2 setzen und schlägt die vier schwarzen Steine (P2, Q1, 2, R1). Die im letzten Beispiel beschriebene Schlagtaktik wird *Mausefalle* genannt.

Das Schlagen von Steingruppen mit inneren Freiheiten

Diagramm 25.1

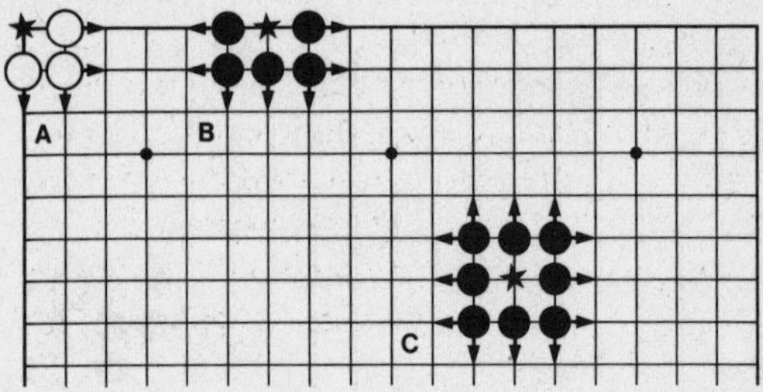

Innere Freiheiten

Wo liegen bei diesen Steingruppen die Freiheiten? Worin unterscheiden sich diese Gruppen von denen, die auf S. 16 und 17 gezeigt wurden?

Alle drei Gruppen haben Freiheiten nach außen, die mit Pfeilen gekennzeichnet sind; außerdem hat jede Gruppe noch eine Freiheit nach innen, die mit ★ gekennzeichnet ist. Man spricht von *äußeren* und *inneren Freiheiten.*

Zählt man die Anzahl der Freiheiten in den oben gezeigten Gruppen, so kommt man zu folgendem Ergebnis:

A hat insgesamt fünf Freiheiten: vier äußere und eine innere.

B hat insgesamt acht Freiheiten: sieben äußere und eine innere.

C hat insgesamt dreizehn Freiheiten: zwölf äußere und eine innere.

Die Regel des Schlagens besagt nun, daß eine Gruppe erst dann besiegt ist, wenn alle ihre Freiheiten besetzt sind.

Die Gruppen A, B und C müssen also nicht nur ihre äußeren, sondern auch ihre innere Freiheit verlieren, wenn sie geschlagen werden sollen.

In den Situationen, wie sie oben gezeigt werden, ist es für den Gegner unmöglich, die innere Freiheit ✶ im nächsten Spielzug zu besetzen, denn der gegnerische Stein hätte keine Freiheit mehr und wäre verloren (Selbstmord-Verbot). Um diese Gruppen schlagen zu können, müssen also zuerst alle äußeren Freiheiten besetzt werden. Dann kann im letzten Zug auf die innere Freiheit gesetzt werden, weil damit gleichzeitig Steine geschlagen werden und der schlagende Stein Atmungsräume erhält. Diesen Spielablauf zeigen die beiden folgenden Diagramme.

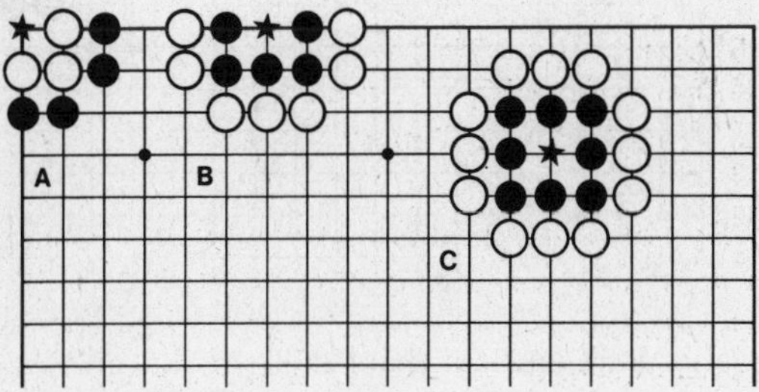

Diagramm 25.2

Alle äußeren Freiheiten sind von gegnerischen Steinen besetzt. Jede Gruppe hat nur noch eine Freiheit ✶. Sie stehen in Atari.

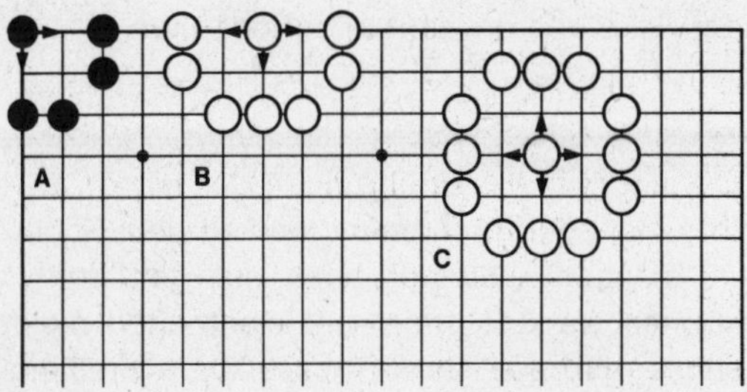

Diagramm 25.3

Die letzte Freiheit wurde besetzt. Durch das Entfernen der gegnerischen Steine erhielt der schlagende Stein Atmungsräume.

Für den Anfänger ist es zunächst schwierig zu erkennen, wann ein Punkt absolut tabu ist. Bei flüchtiger Betrachtung des ersten Diagrammes mag zunächst, die Regel des Selbstmord-Verbots im Kopf, der Gedanke aufkommen, diese Gruppen seien unschlagbar. Die beiden folgenden Diagramme haben aber gezeigt, wie diese Gruppen erobert werden können.

Diagramm 26

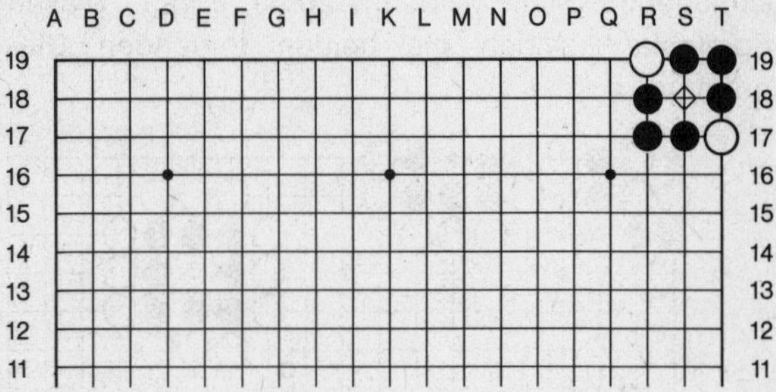

Kann Weiß hier auf den Punkt ⊕ setzen?

Dieser Zug ist für Weiß möglich, denn die drei schwarzen Steine in der Ecke stehen im Atari. Der Punkt ⊕ ist ihre letzte Freiheit. Setzt Weiß auf diesen Punkt, schlägt er die drei schwarzen Steine in der Ecke und gewinnt zwei Freiheiten.

Echte und falsche Augen

Wendet man die Erfahrungen der letzten Beispiele folgerichtig an, so kommt man zu dem Schluß, daß unschlagbare Steingruppen nur gebildet werden können, wenn sie freie Punkte enthalten, die der gesamten Gruppe als nichtbesetzbare Freiheiten erhalten bleiben. Es müssen Punkte sein, auf die der Gegner nicht setzen darf, weil es für ihn Selbstmord bedeuten würde.
Solche Punkte werden *Augen*, genannt.

Besitzt eine Steingruppe ein *Auge,* kann sie geschlagen werden, wie auf Seite 51 gezeigt. Besitzt eine Gruppe zwei Augen, ist klar, daß sie unschlagbar ist, denn die beiden Augen können nicht gleichzeitig vom Gegner besetzt werden. Im folgenden Diagramm werden zwei sichere Steingruppen mit je zwei Augen gezeigt.

Diagramm 27

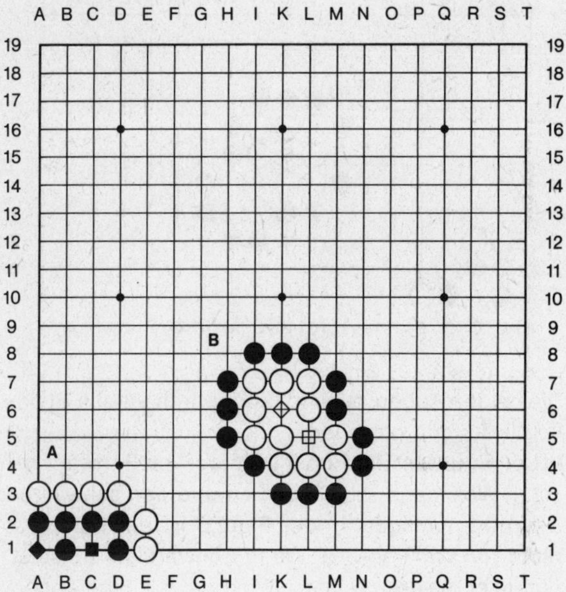

Die Augen ◆, ■ und ⊕, ⊞ werden von stabilen Steinverbindungen gebildet, aus denen kein Stein herausgebrochen werden kann.
Man nennt sie *echte Augen.*

Das nächste Diagramm zeigt eine ähnliche Situation. Vergleicht man die Stellungen jedoch genau, so sieht man, daß sie sich in einem wesentlichen Punkt unterscheiden:

Diagramm 28

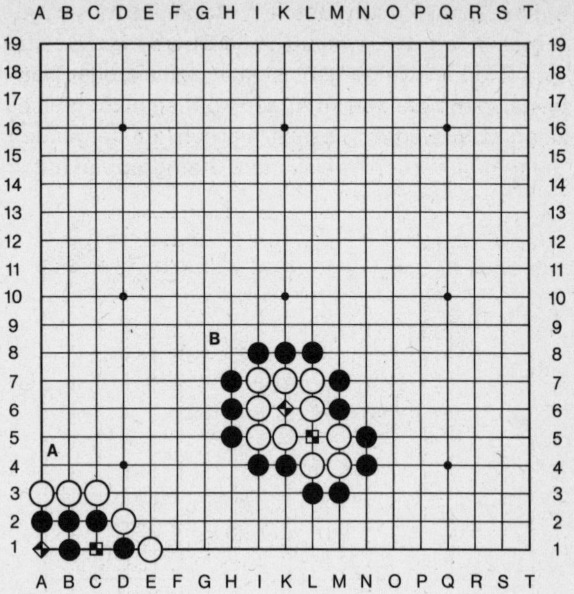

Die beiden Augen ■ sind nicht durch stabile Steinverbindungen gesichert.
In der Figur A ist der Punkt D 2 nicht von Schwarz besetzt. Weiß kann auf C 1 setzen und den schwarzen Stein D 1 schlagen. In der Figur B ist der Punkt K 4 nicht von Weiß besetzt. Wenn Schwarz auf L 5 setzt, nimmt er die drei weißen Steine L 4, K 4, 5 gefangen. Das zweite Auge ■ war sowohl in der Figur A als auch in B ein falsches Auge. Ist dieses zerstört, kann der Gegner das einzige Auge ◆ der Gruppen besetzen und alle Steine gefangennehmen. Man muß sich also merken, daß vom Gegner eingeschlossene Steingruppen, die nicht zwei echte Augen gebildet haben, verloren sind.

In der Spielsituation im Diagramm 29.1 stellt sich die Frage, ob Schwarz in der Lage sein wird, zwei Augen zu bilden. Zunächst sieht es so aus, als wäre dafür genügend Raum vorhanden.

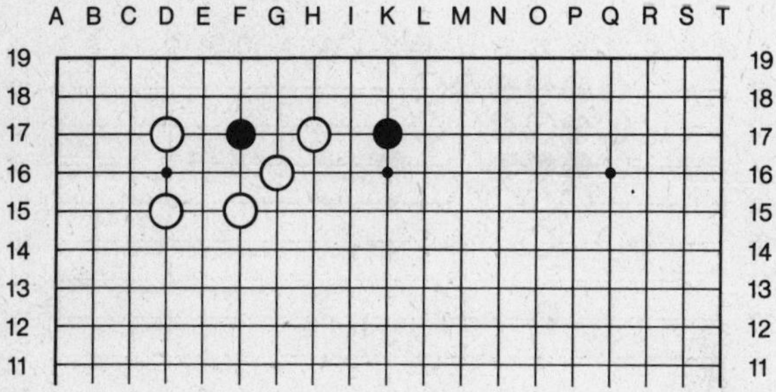

Diagramm 29.1

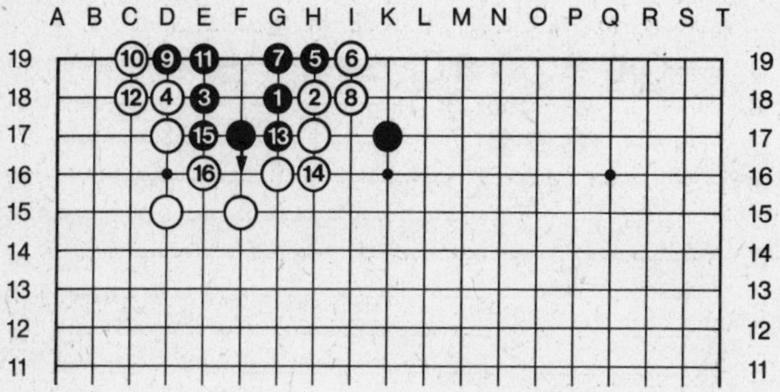

Diagramm 29.2

Verfolgt man nun aber die Versuche von Schwarz, eine lebensfähige Gruppe zu bilden, so wird spätestens nach dem 11. Zug deutlich, daß ihm das nicht gelingt (Diagramm 29.2). Während Schwarz mit seinen Steinen Raum zu gewinnen versucht, blockt Weiß die schwarze Ausdehnung ab und vervollständigt dabei seine Angriffskette. Schließlich zwingt er mit dem 6. und 10. Zug, die Schwarz in Atari setzen, den schwarzen Spieler zu Verteidigungszügen, die den Raum verkleinern, den er zur Augenbildung aber dringend braucht. Nach dem 16. Zug besitzt die schwarze Gruppe zwei innere und eine äußere Freiheit. Sie ist damit verloren. Die beiden Diagramme 29.3 und 29.4 zeigen, daß es für Schwarz keinen Ausweg mehr gibt, egal wie er spielt.

Diagramm 29.3

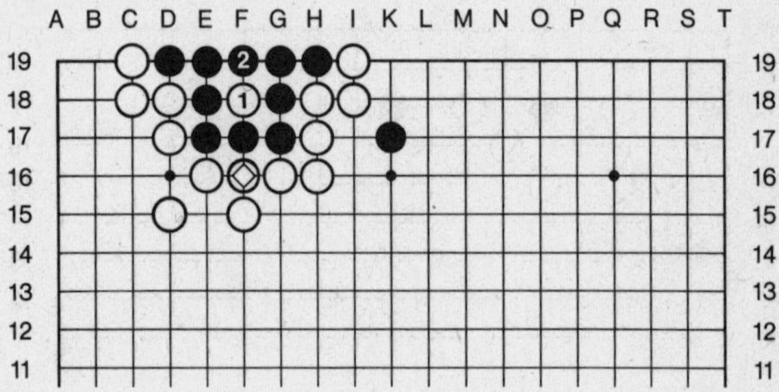

Diagramm 29.4

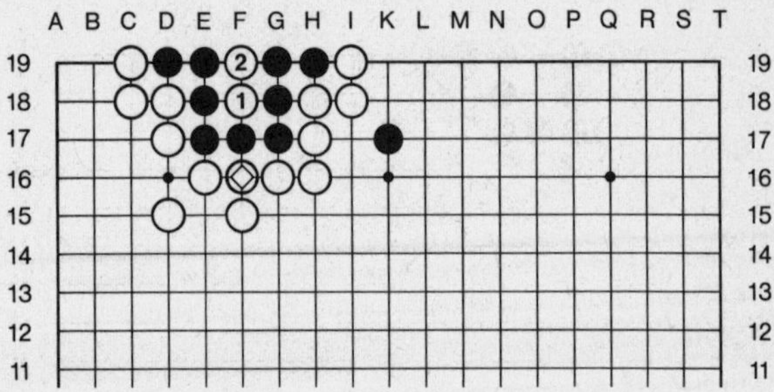

Ehe Weiß in das Innere der Gruppe spielt, besetzt er die äußere Freiheit ◇. Jetzt bleibt eine Steingruppe mit zwei inneren Freiheiten übrig, die von Weiß lükkenlos umschlossen ist.

In Diagramm 29.3 besetzt Weiß einen der beiden Punkte ①. Schwarz spielt ❷ und schlägt den weißen Stein. Weiß kann nun wieder auf den freigewordenen Punkt setzen und die gesamte Gruppe schlagen. In Diagramm 29.4 schlägt Schwarz nicht und Weiß nimmt mit ② die Gruppe gefangen.

Es ist üblich, solche Spielsituationen nicht bis zum Ende, d. h. bis Weiß die letzte Freiheit von Schwarz besetzt hat, zu spielen. Sobald Schwarz seine ausweglose Lage erkannt hat, wird er sich hüten, weitere Steine zu setzen, die den Gewinn von Weiß nur noch vergrößern würden.

Lebensfähige und verlorene Gruppen

In den folgenden Beispielen werden Gruppen untersucht, die drei und mehr freie innere Punkte haben. Ist es möglich, diese Gruppen zu schlagen?
Das letzte Beispiel hat bereits gezeigt, daß eine Gruppe mit zwei benachbarten freien inneren Punkten verloren ist, weil sie keine zwei Augen bilden kann.

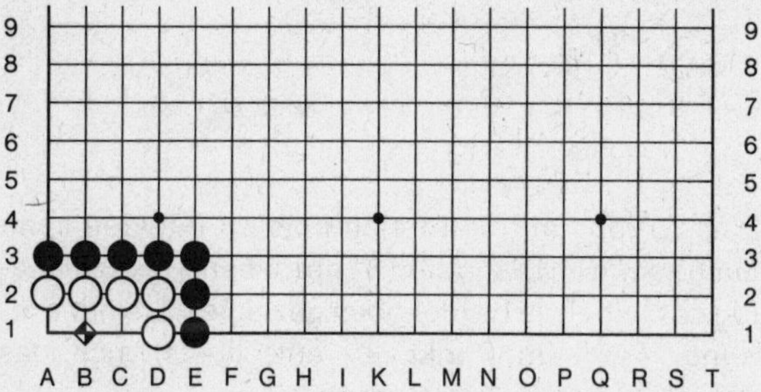

Diagramm 30.1

Die weiße Gruppe in Diagramm 30.1 hat drei freie innere Punkte. Ob diese Gruppe am Leben bleibt, hängt davon ab, wer zuerst am Zug ist.
Spielt Weiß zuerst und besetzt den Punkt ◆, hat er zwei Augen gebildet, und seine Gruppe lebt. Ist aber Schwarz am Zuge und besetzt den Punkt ◆, dann ist Weiß verloren. Dieser Zug wird *Nakate* genannt. Sieht man sich einem Nakate gegenüber, ist es besser, die Position verloren zu geben als noch weiter Steine zu opfern.

Der Schlüsselpunkt in dieser Stellung ist der Punkt ◆. Es wäre ein großer Fehler, einen anderen Punkt als diesen zu besetzen. Weiß würde sich selber einer lebensnotwendigen Freiheit berauben, und wollte Schwarz auf einen anderen Punkt als den Punkt ◆ setzen, steht er in Atari und würde von Weiß geschlagen. Gleichzeitig mit dem schlagenden Zug hätte Weiß sein Ziel, zwei Augen zu bilden, erreicht, wie das Diagramm 30.2 zeigt.

Diagramm 30.2

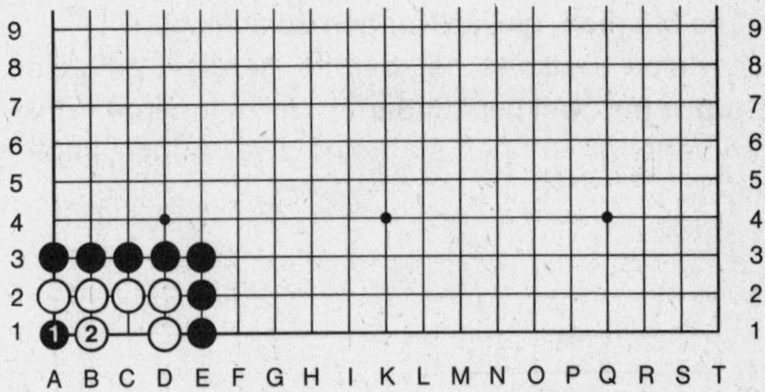

Eine Gruppe mit drei freien inneren Punkten kann auch so wie im Diagramm 31 aussehen. Hier gilt analog dasselbe wie bei der eben gezeigten Steinanordnung. Auf dem Punkt ◆ entscheidet sich das Schicksal der weißen Gruppe.

Diagramm 31

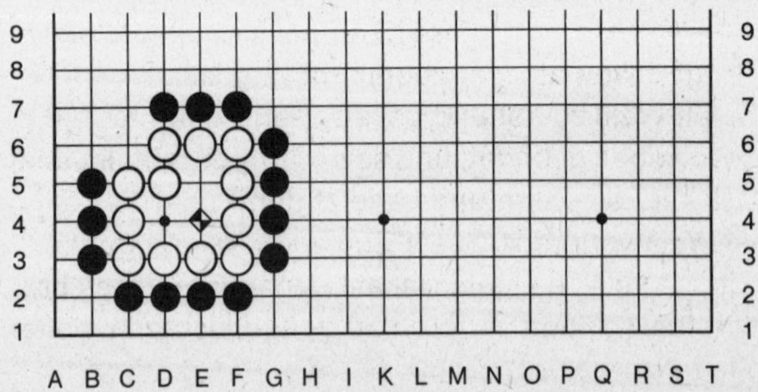

Das folgende Diagramm zeigt verschiedene Steingruppen mit vier freien inneren Punkten:

Diagramm 32

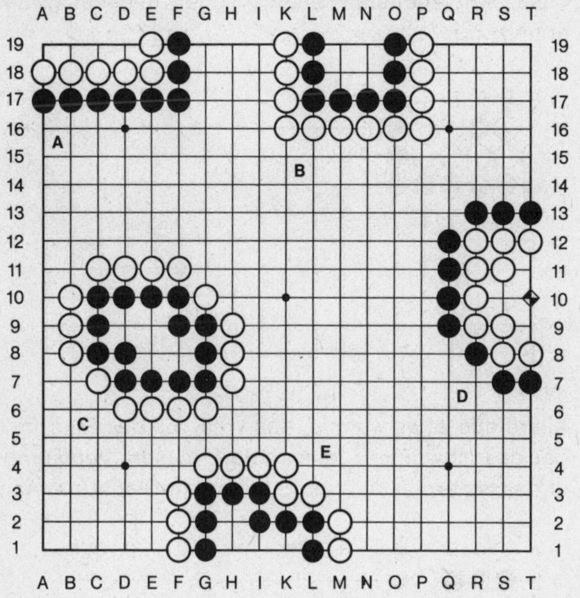

Figur A ist eine sichere Position für die eingeschlossene Farbe. Versucht Schwarz in die weiße Gruppe einzudringen, wird er geschlagen, gleichzeitig hat Weiß zwei lebensnotwendige Augen gebildet (Diagramm A_1).

Diagramm 32A₁

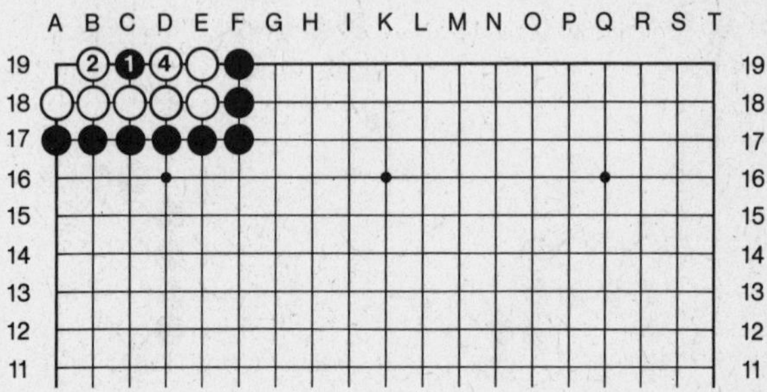

Allerdings ist es wichtig, daß Weiß auf das Eindringen des schwarzen Steines sofort reagiert. Versäumt er das, so ergibt sich die Situation in Diagramm A_2.

Diagramm 32A₂

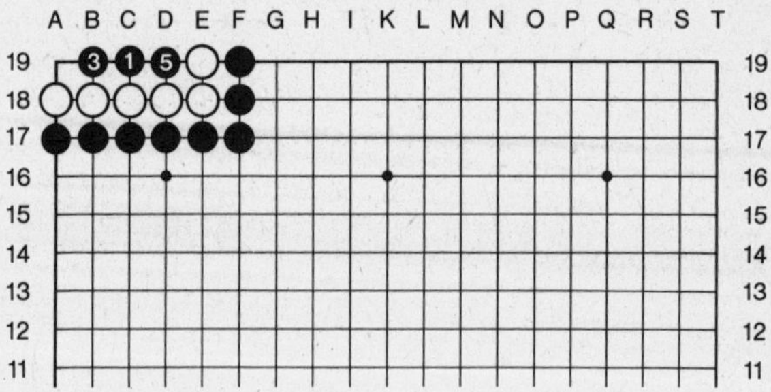

Spielt Weiß erst nach dem zweiten schwarzen Stein ❸ auf einen der beiden noch freien Punkte, gewinnt Schwarz mit dem nächsten Zug die gesamte weiße Gruppe. Nimmt Weiß nach dem dritten schwarzen Stein ❺ die drei schwarzen Steine gefangen, antwortet Schwarz in dem freigewordenen Raum mit Nakate.

Figur B ist verloren, gleichgültig, wer zuerst spielt. Besetzt Schwarz irgendeinen der vier freien Punkte, verändert sich die Gestalt seiner Gruppe zu der in Diagramm 31, Seite 58 gezeigten, mit drei freien inneren Punkten. Da Weiß als nächster am Zug ist, ist Schwarz verloren.
Weiß kann irgendeinen der vier freien Punkte besetzen, und Schwarz hat keine Möglichkeit, zwei Augen zu bilden, wie das Diagramm B_1 zeigt.

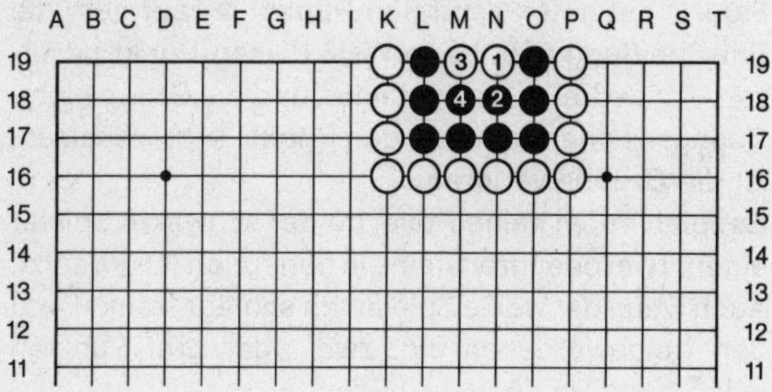

Diagramm 32 B_1

Auch hier wird vorausgesetzt, daß richtig gespielt wird. Ein grober Fehler von Weiß wäre es, auf das oben beschriebene Verkleinern der Gruppe durch Schwarz nicht zu reagieren oder den Stein ③ auf den noch freien Punkt, auf den Schwarz seinen Stein ❹ setzen wird, zu plazieren.

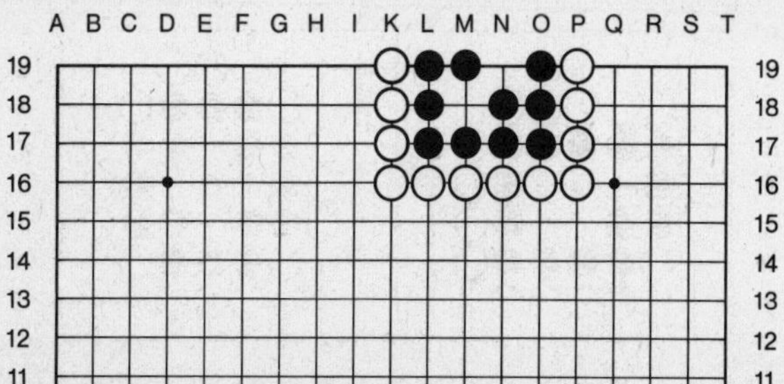

Diagramm 32 B_2

Nur unter Zugrundelegen eines solchen Fehlverhaltens von Weiß, was nicht vorausgesetzt werden kann, gelänge es Schwarz, die im Diagramm B_2 gezeigte lebensfähige Gruppe mit zwei Augen zu bilden.

Figur C ist sicher vor jedem Angriff. Auf welchem Punkt auch immer Weiß einzudringen versucht, Schwarz hat die Möglichkeit, zwei Augen zu bilden. Das gleiche gilt für die Figur E.
Figur D hat einen zentralen Punkt ◆, auf dem die Entscheidung fällt. Kann Weiß diesen Punkt besetzen, hat er drei Augen gebildet, und die Gruppe lebt. Gelingt es aber Schwarz, den Punkt ◆ zu besetzen, ist die Gruppe verloren.
Es spielt dabei keine Rolle, ob der schwarze Spieler einen, zwei oder drei Steine in den freien Raum setzt. Auch wenn der weiße Spieler ihn schlägt, kann er auf den freigewordenen ein, zwei oder drei Punkten keine zwei Augen mehr bilden.
Es ist üblich, daß solche Spielsituationen nicht ausgespielt werden, sondern die Punkte dem Angreifer bei der Endabrechnung zugerechnet werden.

Gruppen mit fünf freien inneren Punkten sind sicher, mit Ausnahme der beiden folgenden Formationen:

Diagramm 33

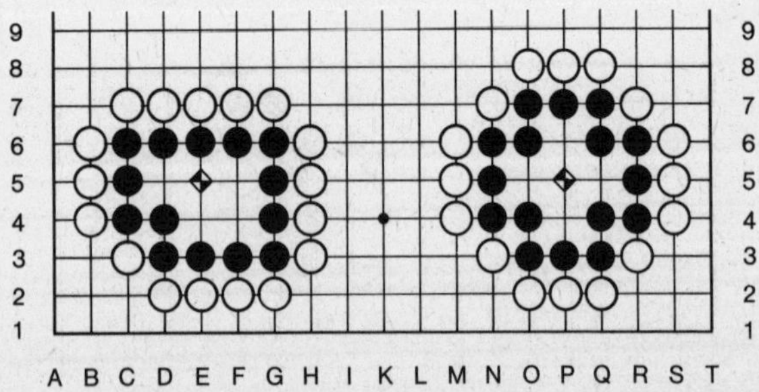

Hier kommt es wieder darauf an, wer zuerst am Zuge ist. Kann Schwarz den Punkt ◈ besetzen, macht er seine Gruppe lebensfähig. Weiß auf diesem Punkt erobert die schwarze Gruppe.

Ein Gebiet mit sechs freien inneren Punkten ist lebensfähig mit folgender Ausnahme:

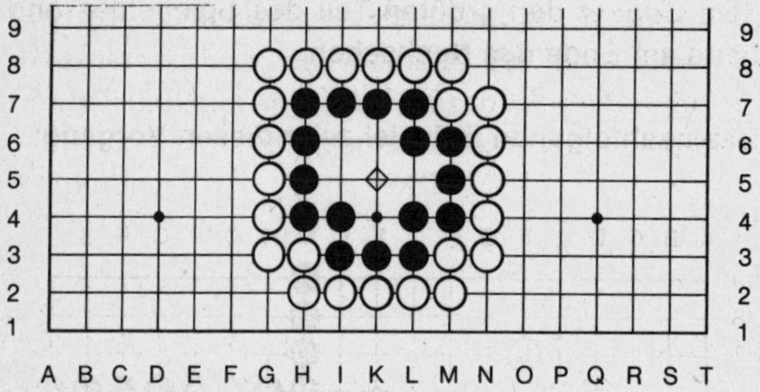

Diagramm 34

Gelingt es dem weißen Spieler, den Punkt ◈ zu besetzen, kann er die schwarzen Steine erobern, er selber muß allerdings fünf Steine opfern. Das geschieht auf die Weise, daß Weiß vier weitere Steine so in den Raum setzt, daß, wenn sie von Schwarz geschlagen werden, eine Gruppe mit fünf freien inneren Punkten entsteht, die nicht lebensfähig ist (siehe Beispiel in Diagramm 33).

Diagramm 37.1

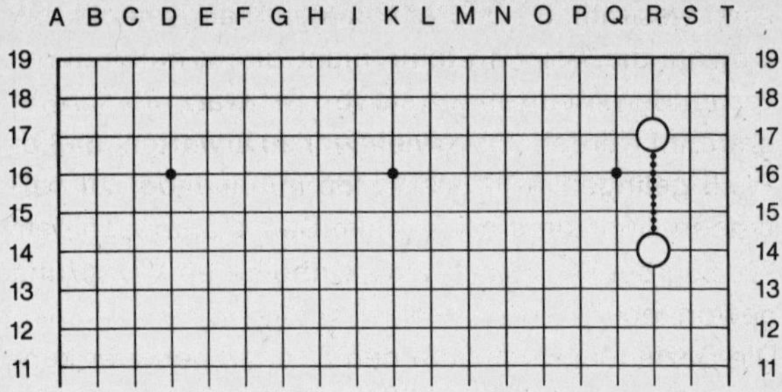

Diagramm 37.2

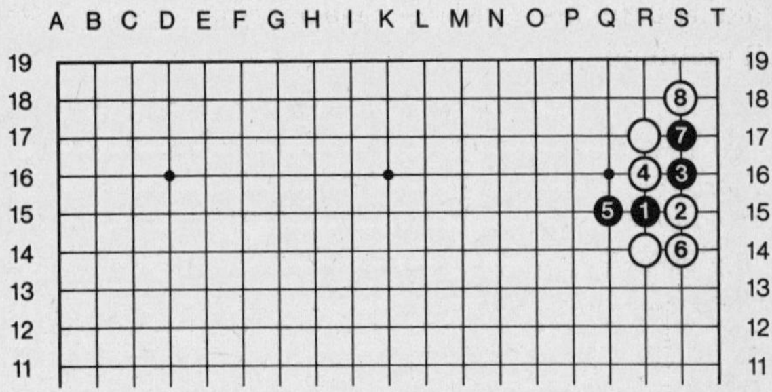

Diagramm 37.3

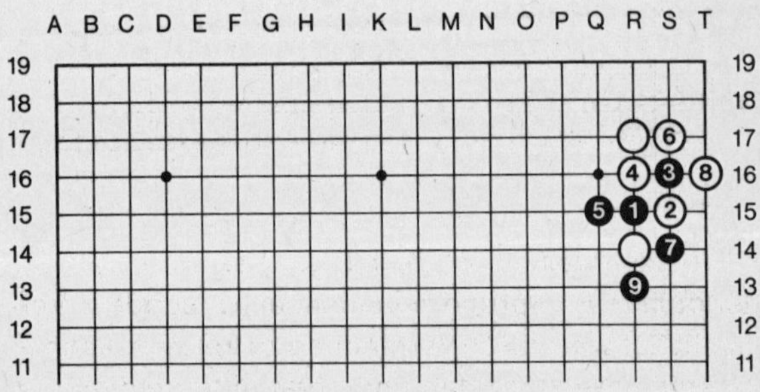

Zweipunktiger Sprung (Niken-Tobi)

Die weißen Steine in Diagramm 37.1 sind durch einen *zweipunktigen Sprung* verbunden.
Diagramm 37.2 zeigt, wie der Versuch von Schwarz, diese Verbindung zu trennen ❶ abgewehrt werden kann. Durch ⑧ sind die beiden schwarzen Steine

(❸ ❼) in einer aussichtslosen Situation. Weiß muß aber darauf achten, daß er im sechsten Zug nicht sofort den schwarzen Stein ❸ in Atari setzt, sondern durch ⑥ den unteren Stein der ursprünglichen Verbindung absichert. Versäumt Weiß diesen absichernden Zug, könnte Schwarz hier eine erfolgreiche Trennung durchführen (Diagramm 37.3). Ein Zug, wie ihn Schwarz mit ❼ gemacht hat, wird *Schnitt* genannt.

Niken-Tobi wird meistens auf der 3. und 4. Linie gespielt, weil zur erfolgreichen Abwehr eines Trennungsversuches die Nähe der Randlinie notwendig ist.

Bei einer Anwendung zur Mitte hin ergeben sich Schwierigkeiten bei der Trennungsabwehr, wie das folgende Beispiel zeigt:

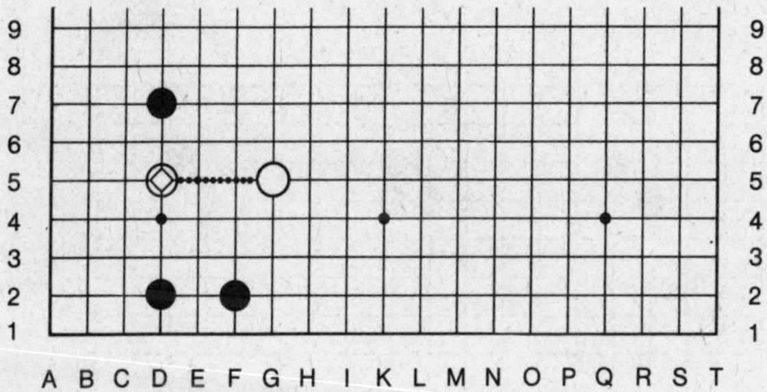

Diagramm 38.1

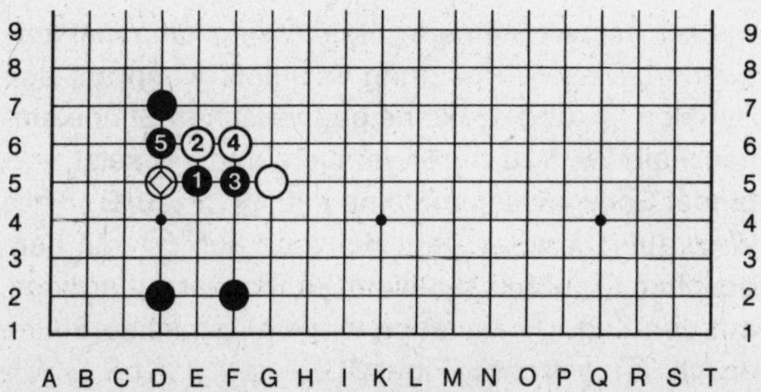

Diagramm 38.2

Weiß hat versucht, seinen Stein ◈ durch einen zweipunktigen Sprung zur Mitte hin zu stärken (Diagramm 38.1).

Schwarz kann unter Ausnutzung der Nähe seiner Steine diese Verbindung erfolgreich angreifen (Diagramm 38.2). Nach dem 5. Zug ❺ ist der weiße Stein ◈ abgetrennt.

Eine einpunktige Verbindung wäre hier für Weiß günstiger gewesen.

Das Niken-Tobi zur Mitte hin ist nur dann schwer zu trennen, wenn der Verteidiger eine Mauer eigener Steine in der Nähe hat, an die er den Angreifer drängen kann. Diese Mauer erfüllt dann die gleiche Funktion wie die Randlinie im vorausgegangenen Beispiel (Diagramm 37).

Diagramm 39.1–3

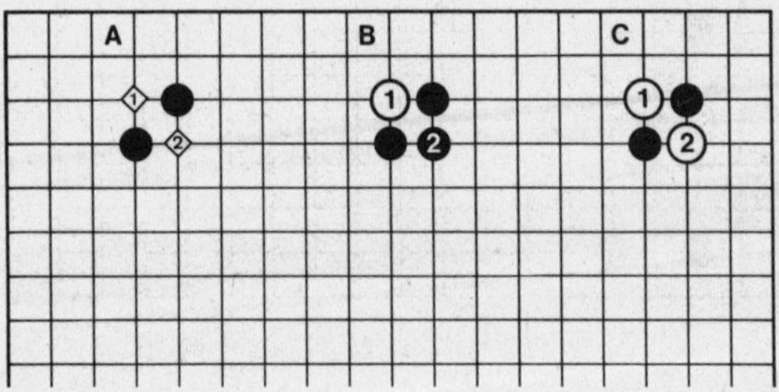

Diagonale Verbindung (Kosumi)

Die schwarzen Steine in Figur A sind diagonal verbunden. Diese Verbindung ist stabil, wenn auf den Punkten ◇1 und ◇2 keine gegnerischen Steine stehen. Falls Weiß zu stören versucht und ① setzt, verbindet Schwarz seine Steine mit ❷ (Figur B). Falls Weiß auf ② setzt, geht Schwarz auf ① mit dem gleichen Ergebnis. Versäumt es Schwarz allerdings, auf den Zug ① zu reagieren, werden seine Steine durch ② getrennt (Figur C).

Diese letzte Form des Schneidens, an der vier Steine beteiligt sind, wird *Kreuzschnitt* genannt. Es ist dann ein günstiger Zug, wenn der Anschluß an weitere Steine möglich ist.
Im Anwendungsbereich der diagonalen Verbindung gibt es eine Reihe wichtiger Punkte (*Schlüsselpunkte*), deren Funktion am nächsten Beispiel deutlich wird.

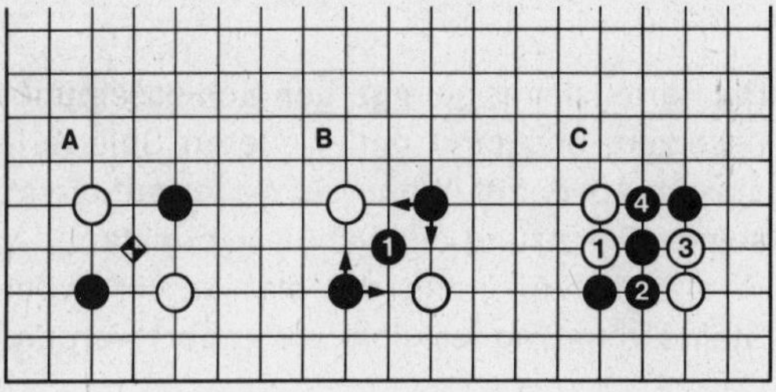

Diagramm 40.1–3

Die Steingruppe in Figur A kann durch Besetzen des Punktes ◈ der Spieler für sich ausbauen, der den nächsten Zug macht.
Nachdem Schwarz den Zug ❶ gemacht hat (Figur B), gibt es für Weiß keine Möglichkeit, die Verbindung der schwarzen Steine zu verhindern, denn er kann nicht gleichzeitig die freien Arme (Freiheiten) der schwarzen Steine besetzen. Wichtig ist, daß Schwarz auf die weißen Züge richtig reagiert (Figur C). Weiß ① besetzt einen freien Arm. Darauf muß Schwarz mit ❷ antworten; dementsprechend folgt auf Weiß ③ Schwarz ❹, und damit sind die schwarzen Steine fest verbunden, während die weißen getrennt wurden.
Ist Weiß in der Gruppierung von Figur A am Zuge und spielt er entsprechend der eben gezeigten Weise, entsteht eine Steinverbindung zugunsten von Weiß.

In Figur D sind die Schlüsselpunkte dieser Beispiele aufgezeichnet:

Diagramm 40.4

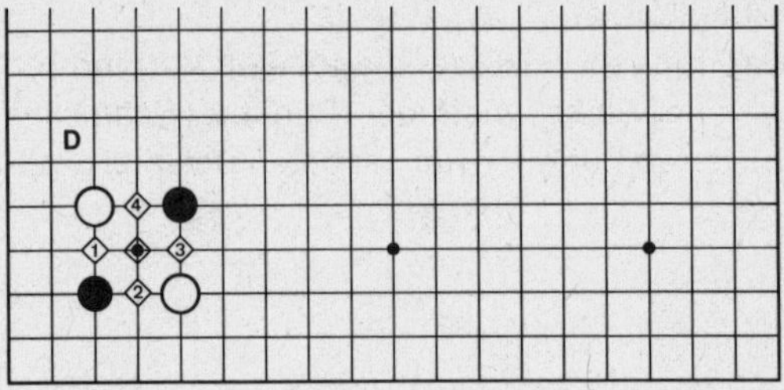

Die Partei, der es gelingt, den Schlüsselpunkt ⟐ zu besetzen, bestimmt den weiteren Spielverlauf auf diesem Abschnitt. Wenn sie weiter auf die abwechselnde Besetzung der Schlüsselpunkte ⟐1 – ⟐2 und ⟐3 – ⟐4 achtet, kann die stabile Verbindung der Steine vom Gegner nicht verhindert werden.

Wie die diagonale Verbindung angewendet werden kann, zeigen die beiden folgenden Beispiele:

Diagramm 41.1

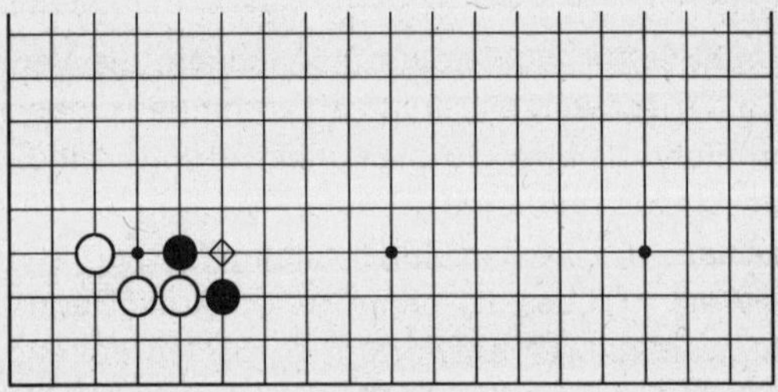

Weiß droht, auf ⟐ zu schneiden.

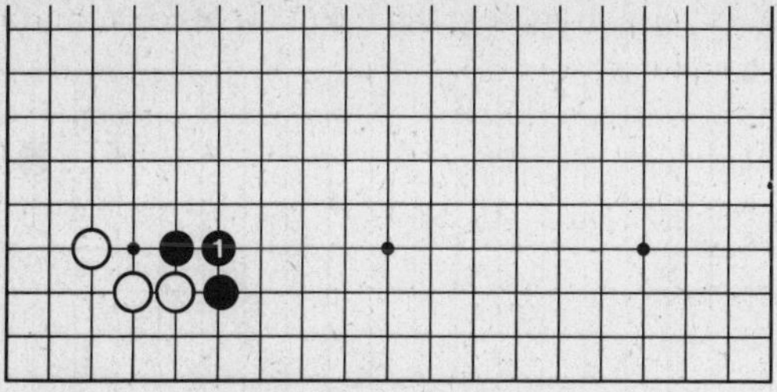

Diagramm 41.2

Schwarz hat die Möglichkeit, durch ❶ seine Steine fest zu verbinden.

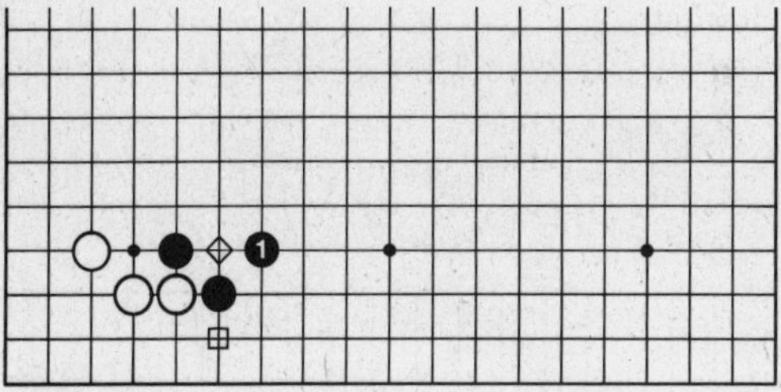

Diagramm 41.3

Schwarz kann aber auch durch einen einpunktigen Sprung ❶ verbinden und sich gleichzeitig zur Mitte hin ausdehnen. Weiß kann auf dem Punkt ◈ nicht mehr schneiden, weil er sich sonst in Atari befände.

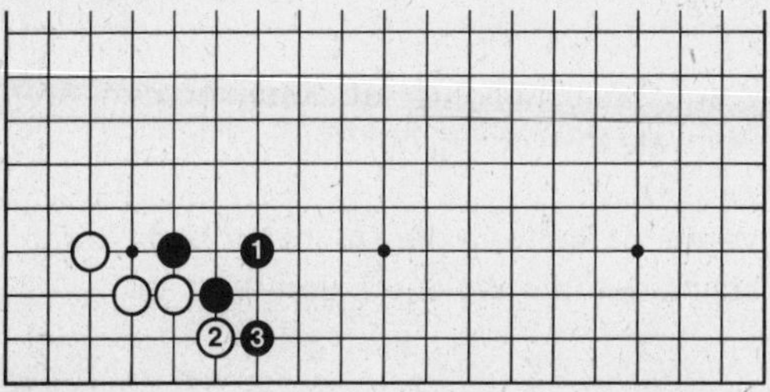

Diagramm 41.4

Falls Weiß versuchen sollte, seinen Raum am unteren Brettrand über den Punkt ⊞ zu vergrößern ②, kann Schwarz durch den Zug ❸ abblocken.

Diagramm 42.1

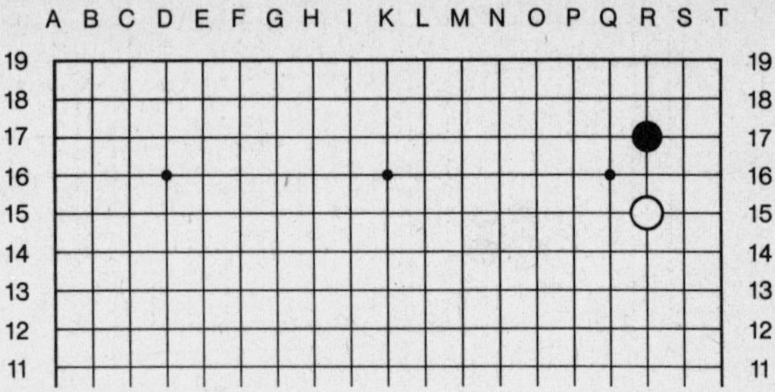

Weiß droht, den schwarzen Stein in die Ecke zu drängen.

Diagramm 42.2

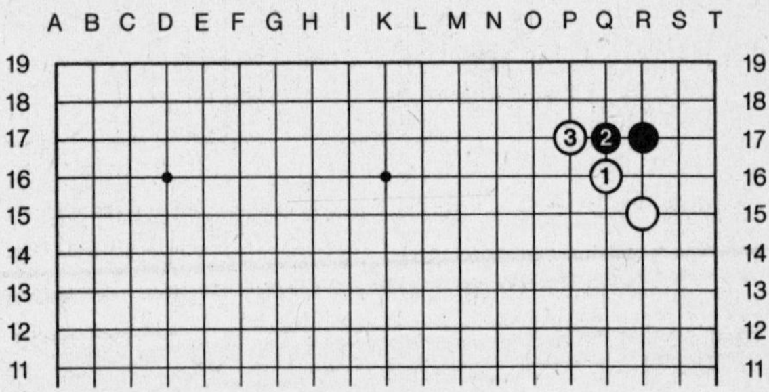

Wenn Weiß am Zug ist, kann er den Angriff auf Schwarz fortsetzen, durch eine Diagonalverbindung mit ①.
Versucht Schwarz die Flucht zur Mitte durch ❷, so schneidet ihm Weiß ③ den Weg ab.

Diagramm 42.3

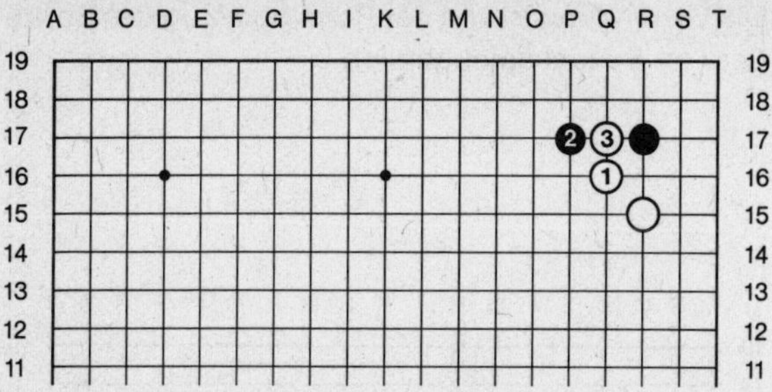

Die Flucht zur Mitte durch eine einpunktige Verbindung zu ergreifen ❷, ist für Schwarz nicht möglich, weil Weiß im nächsten Zug ③ diese Verbindung trennen kann.

Diagramm 42.4

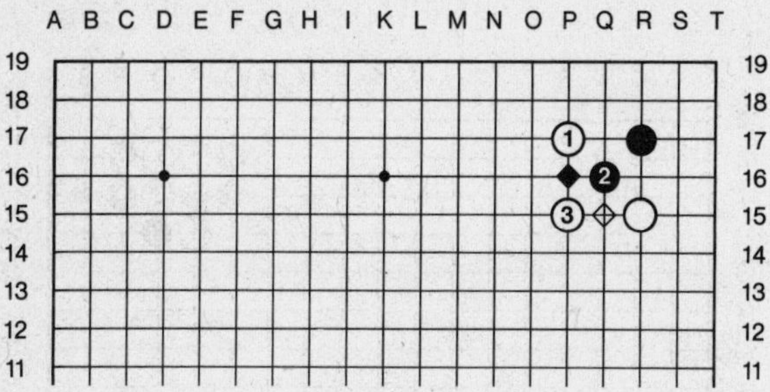

Setzt Weiß den ersten Zug ① in diagonaler Verbindung, trennt Schwarz zwar durch ❷ die weißen Steine, wird aber nach ③ nur in einer Richtung durchstoßen können, so daß Weiß dann nach der anderen Seite hin Einfluß gewinnen kann. (Setzt Schwarz auf ◆, folgt Weiß auf ◇ und umgekehrt.)

Der Rösselsprung (Keima)

Die Verbindung ist von der Form dem Zug des Springers im Schachspiel ähnlich.

Diagramm 43.1

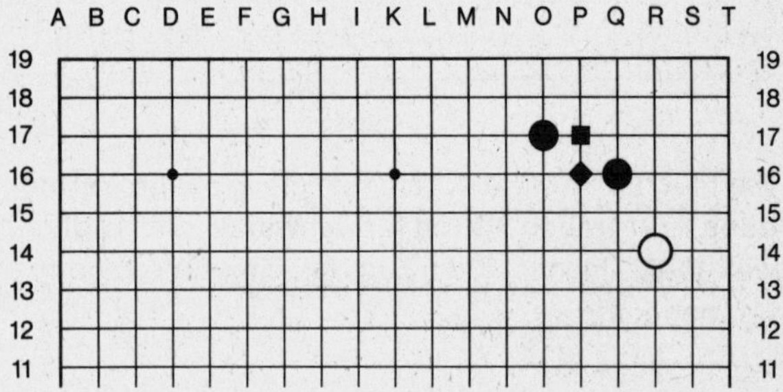

Diagramm 43.2

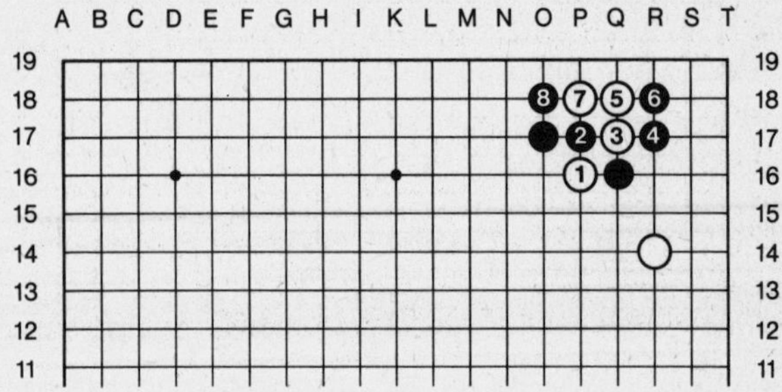

Diagramm 43.3

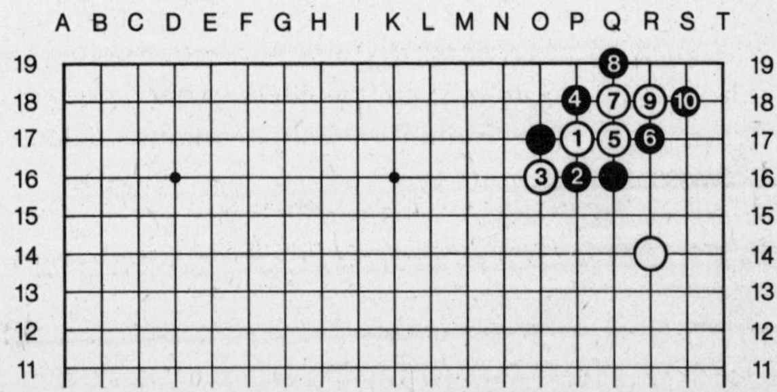

Kleiner Rösselsprung (Kogeima)

Das *Kogeima (kleines Keima)* ist eine relativ sichere Sprungverbindung (Diagramm 43.1), wenn Schwarz einen der beiden Schlüsselpunkte ◆ oder ■ besetzen kann.
Einen Angriff von Weiß ① muß Schwarz mit ❷ beantworten (Diagramm 43.2).
Falls Weiß jetzt ③ setzt, um die Verbindung der schwarzen Steine über diesen Punkt zu verhindern, gerät er in eine ausweglose Situation.
Auch der Angriff auf das Kogeima über den Punkt ◆ = ① bringt Weiß keinen Erfolg (Diagramm 43.3), denn Schwarz kann ihn in Shicho drängen.

Die beiden Verteidigungsmethoden sind nur unter der Bedingung anwendbar, daß eine günstige Randlage besteht bzw. keine gegnerischen Steine das Shicho vereiteln. So könnte Schwarz bei günstigen Umständen auch den weißen Stein ① in Diagramm 43.2 in ein Shicho drängen.

Diagramm 43.4

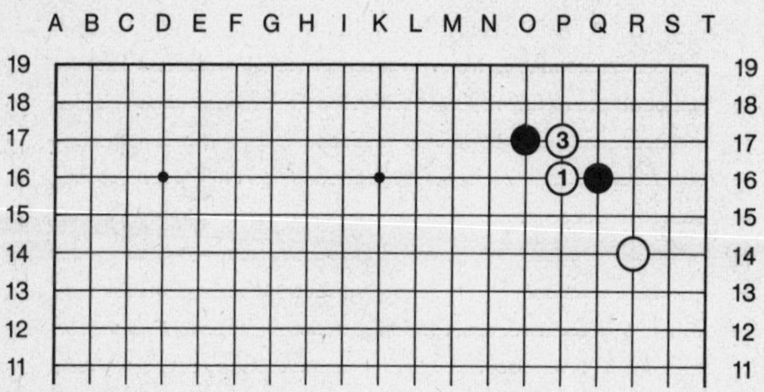

Sollte es Schwarz allerdings versäumen, auf einen Angriff durch Besetzen des zweiten Schlüsselpunktes (◆ oder ■) zu reagieren, ist die Verbindung zerstört, denn Weiß kann mit ③ die schwarzen Steine isolieren (Diagramm 43.4).

Diagramm 43.5

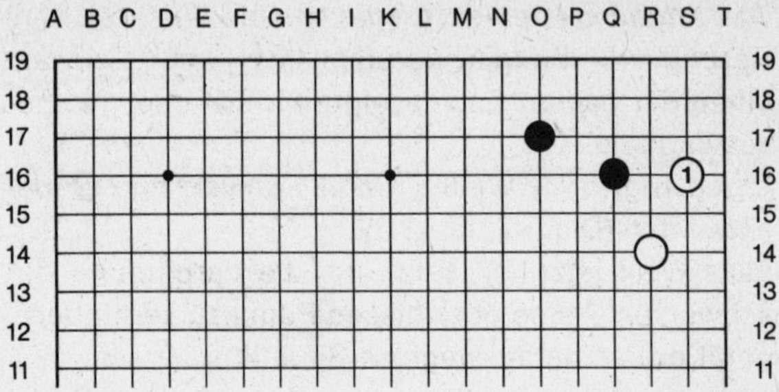

Weiß kann aber nicht damit rechnen, daß Schwarz eine Trennung seiner Steine wie in Diagramm 43.4 zuläßt. Deshalb wäre ein Angriff auf die schwarze Ecke mittels Kogeima ① wie in Diagramm 43.5 ein besserer Zug.

Die folgenden Beispiele zeigen die günstige Anwendung des Kogeima:

Diagramm 44

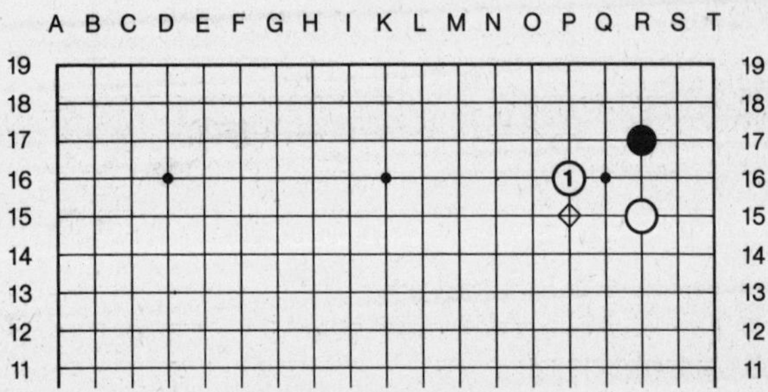

Die Situation im obenstehenden Diagramm 44 war im Beispiel auf S. 72 von Weiß durch eine Diagonalverbindung fortgesetzt worden.
Eine andere Angriffsmöglichkeit bietet sich durch einen Kogeima-Zug ① an.

Stellt man sich zum Vergleich vor, daß Weiß den Angriff auch durch ein Ikken-Tobi auf dem Punkt ⊕ führen könnte, so erkennt man deutlich die größere Effektivität, die ein Kogeima bei der Einkreisung des gegnerischen Steines erzielt.

Diagramm 45

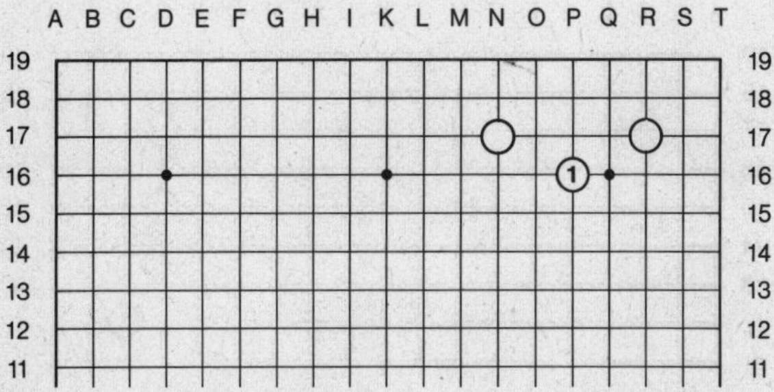

Großer Rösselsprung (Ogeima)

Der kleine Rösselsprung wird auch angewendet, um Steine, die in einer weiten Verbindung stehen, gegen Angriffe zu schützen. Der Stein ① stabilisiert die weite Verbindung der beiden anderen Steine.

Ist die Kogeima-Verbindung um einen Punkt größer, wird sie *Ogeima* oder *großer Rösselsprung* genannt (Diagramm 46).

Diagramm 46

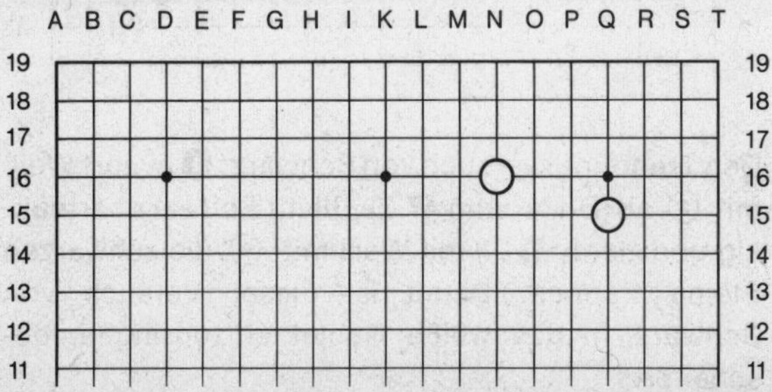

Diese Verbindung ist schwächer als das Kogeima, aber effektiver beim Abstecken eines Gebietes. In Kombination mit anderen Verbindungen ist das Ogeima ein typischer Ausdehnungszug.

Diagramm 47.1

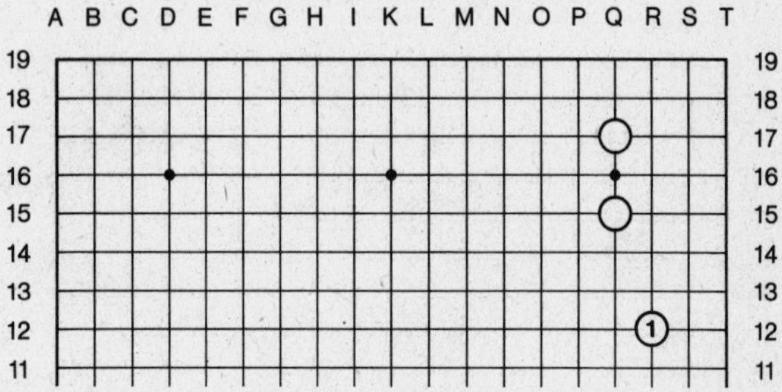

Der Ogeima-Zug ① in Diagramm 47.1 steckt zusammen mit dem Ikken-Tobi ein großes Gebiet ab.

Diagramm 47.2

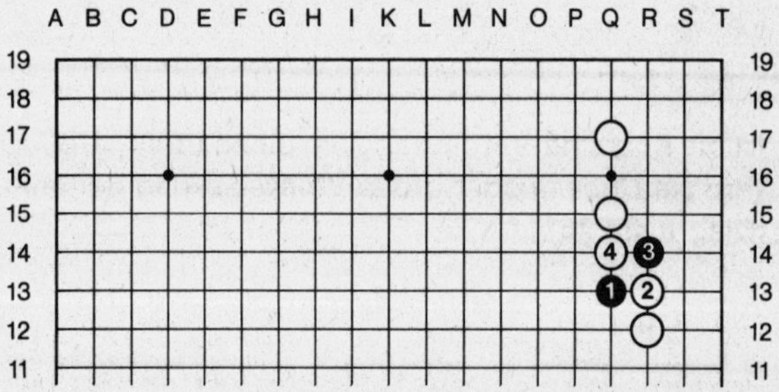

Den Trennungsversuch von Schwarz ❶ wehrt Weiß mit ② ab (Diagramm 47.2). Bleibt Schwarz hartnäckig und zieht ❸, kann Weiß mit ④ die schwarzen Steine trennen. Damit ist dieser Versuch von Schwarz, in das weiße Gebiet einzudringen, gescheitert.

Indirekte Steinverbindungen am Rand oder in der Nähe des Randes kommen seltener vor, weil an diesen Stellen die Gebietsabsteckung ungünstig ist. Sie können aber zur Abwehr notwendig werden. Diese Verbindungen sind sehr sicher.

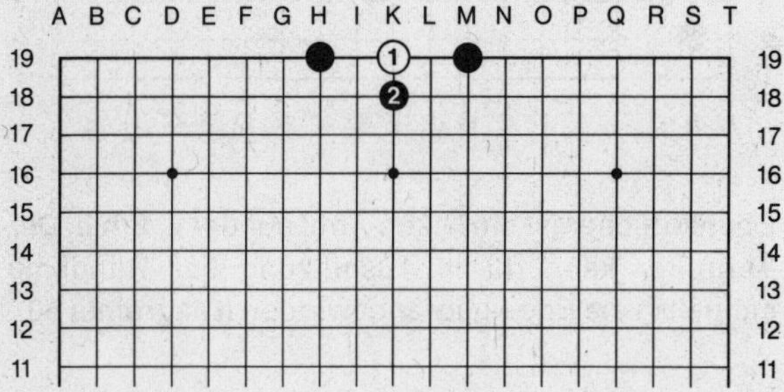

Diagramm 48

Die dreipunktige Verbindung auf der Randlinie kann durch ① nicht getrennt werden, weil Schwarz sofort durch den Keima-Zug ❷ Weiß bedrängt (Diagramm 48).

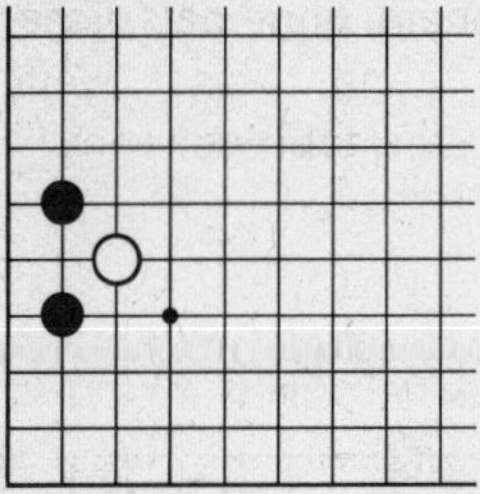

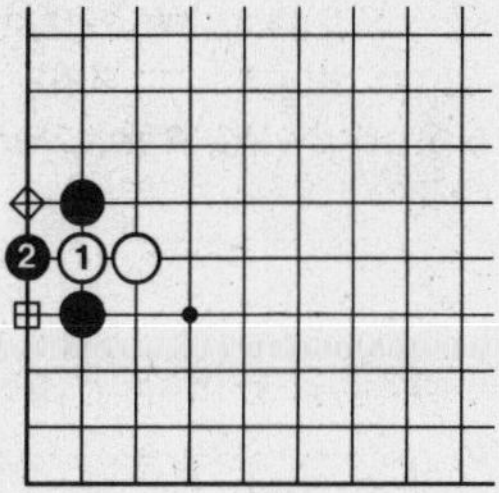

Diagramm 49.1

Diagramm 49.2

Ikken-Tobi auf der 2. Linie (*Watari*) ist eine sichere Verbindung. Versucht Weiß zu trennen ①, braucht Schwarz nur mit ❷ zu antworten und schafft eine sichere Stellung. Die Punkte ⊕ und ⊞ können von Weiß nicht besetzt werden, weil er sonst im nächsten Zug geschlagen würde (Diagramm 49.1 und 49.2).

Diagramm 50

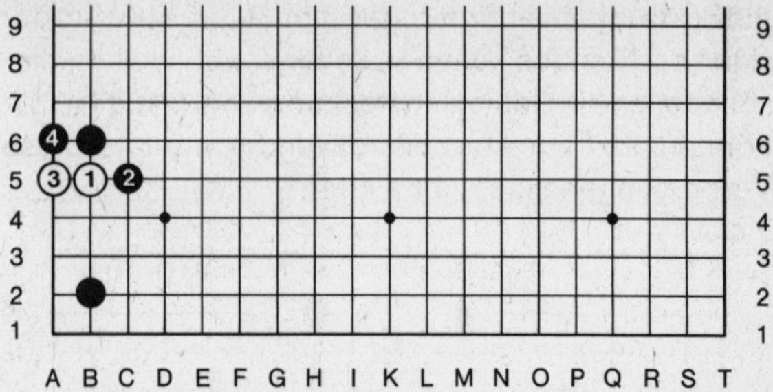

Ebenso sicher ist ein Niken-Tobi auf der 2. Linie. Der Angreifer kann durch Ausnutzung der Randlinie schnell in die Enge gedrängt werden (Diagramm 50).

Die »Affengleitbahn« (Saru tobi)

In Diagramm 51.1 springt Weiß mit dem Ogeima-Zug ◈ in das schwarze Gebiet hinein, ohne daß dieser Stein abgeschnitten werden kann. Dieser weite Sprung wird *Affengleitbahn* (Saru tobi) genannt.

Diagramm 51.1

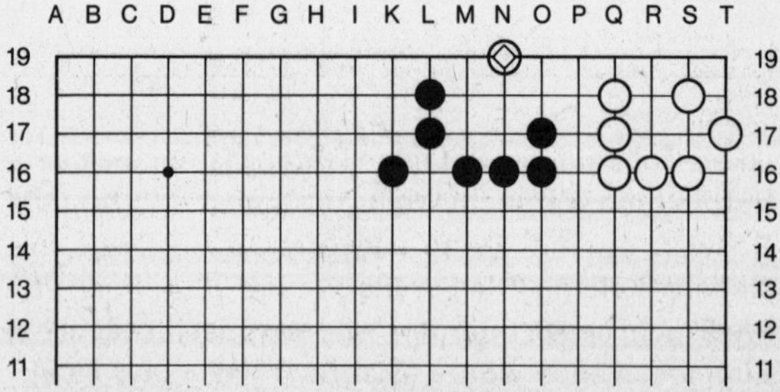

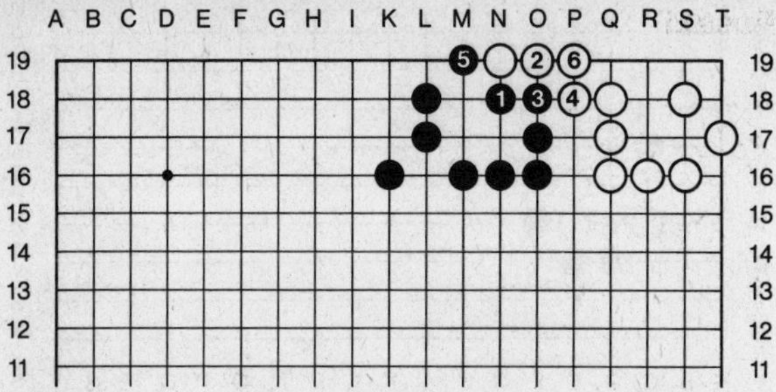

Diagramm 51.2

Greift Schwarz wie in Diagramm 51.2 den weißen Stein an, kann Weiß erfolgreich abwehren, während sich das schwarze Gebiet verkleinert.

Bambus-Verbindung

In der Stellung auf Diagramm 52.1 hat Schwarz die Trennung der weißen Steine durch ◆ vorbereitet. Weiß könnte auf ⊕ abblocken und Schwarz auf ⊞ schneiden. Nach diesen Spielzügen bliebe der linke weiße Stein in der Ecke isoliert und geschwächt zurück.

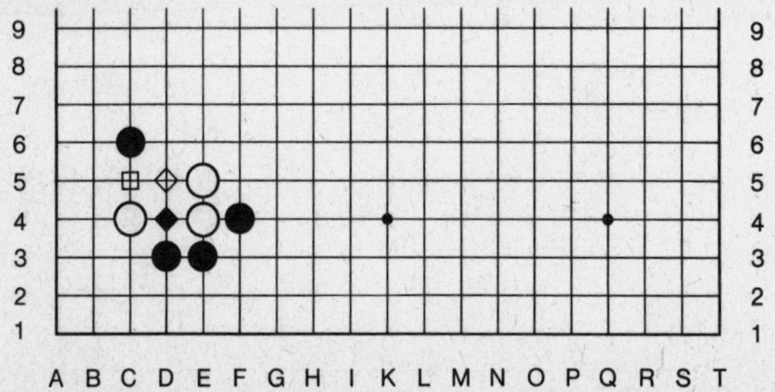

Diagramm 52.1

Diagramm 52.2

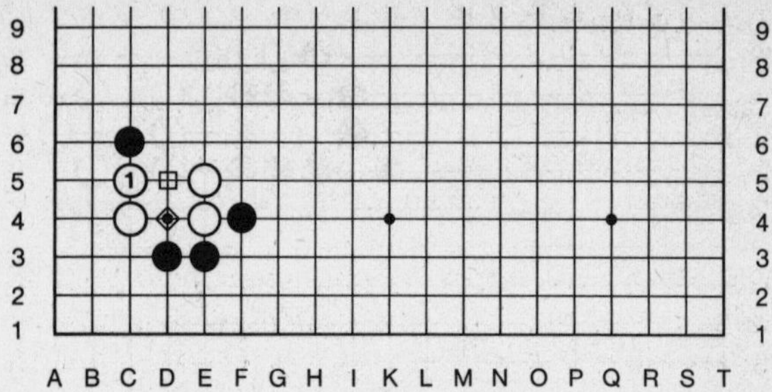

Wie muß Weiß spielen, um seine Position zu stärken? Es liegt nahe, daß Weiß seine Steine über ⌖ verbindet. Ein besserer Zug, der die Möglichkeiten zur Ecke hin vergrößert, bietet sich aber mit ① an (Diagramm 52.2). Die entstandene Stellung der weißen Steine wird *Bambus-Verbindung* genannt und kann nicht getrennt werden. Falls Schwarz versucht, über ⌖ anzugreifen, verbindet Weiß auf ⊞ und umgekehrt.

Doppelverbindung

Weiß hat zwei Möglichkeiten, die schwarzen Steine zu schneiden. Durch direkte Verbindung auf ◆ oder ■ kann Schwarz nur eine einzige Schnittstelle schützen. Durch die Doppelverbindung mit ❶ sichert er aber beide Schnittstellen gleichzeitig ab.

Diagramm 53

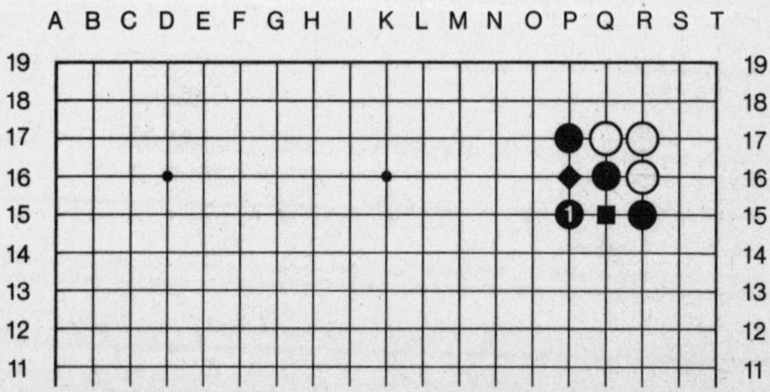

Der Ko-Kampf

Die Ko-Regel sagt, daß ein Stein, der einen gegnerischen Stein geschlagen hat, erst nach einem Zwischenzug wieder geschlagen werden darf (siehe S. 21).
Diese Regel verhindert nicht nur unendliche Wiederholungszüge, sondern trägt auch zur besonderen Spannung und Kombinationsvielfalt des Spieles bei. Denn von der Stärke des Zwischenzuges hängt ab, ob der Gegner das Ko abdecken kann, oder ob er auf den Zwischenzug reagieren muß, um größere Verluste zu verhindern. Ein Zwischenzug, der den Gegner bedroht, wird *Ko-Drohung* genannt.
Um entscheiden zu können, ob man eine Ko-Drohung beantwortet, muß man den Wert des Ko kennen. Es gibt verschiedene Ko-Variationen, von der einfachen Ein-Punkt-Situation bis zu großen Steingruppierungen, in denen Leben oder Tod einer Stellung, manchmal auch Gewinn oder Verlust der ganzen Partie auf dem Spiel stehen. Wie man den Punktwert eines Ko berechnet, zeigt das nächste Beispiel. Der Wert einer Ko-Stellung drückt sich aber nicht nur in unmittelbaren Punktgewinnen aus, oft gelingt es, im Ko-Kampf scheinbar sichere Stellungen des Gegners zu erobern und scheinbar verlorene eigene Stellungen zu retten.

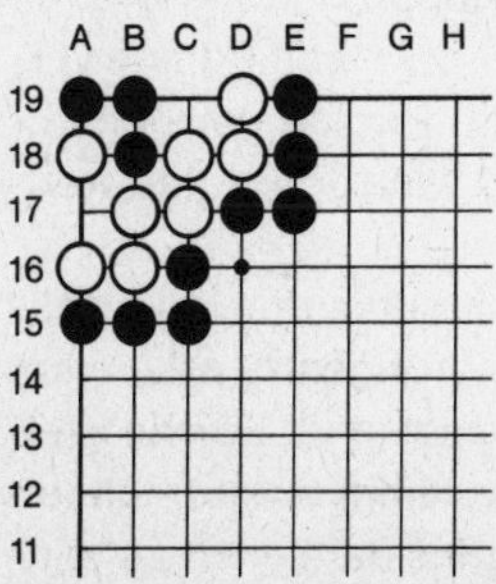

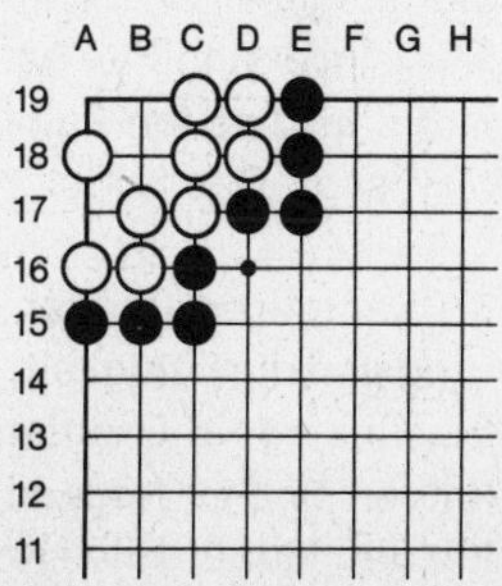

Diagramm 54.1

Diagramm 54.2

Diagramm 54.1 zeigt eine Ko-Stellung auf den Punkten A 17, 18. Weiß hat gerade mit A 18 das Ko genommen. Schwarz macht einen Zwischenzug irgendwo auf dem Brett. Wenn Weiß auf diesen nicht eingehen muß, gewinnt Weiß das Ko, wenn er im nächsten Zug auf C 19 setzt. Weiß erobert drei schwarze Steine und vier Schnittpunkte. Das ergibt insgesamt sieben Gewinnpunkte (Diagramm 54.2).

Diagramm 54.3

Diagramm 54.4

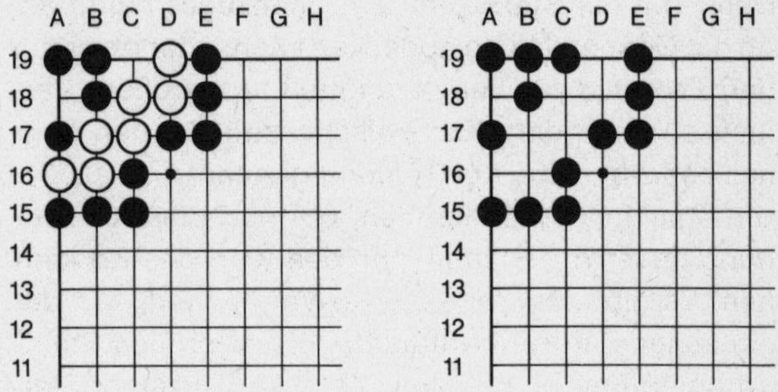

Diagramm 54.3 zeigt den Verlauf des Spiels, wenn Weiß auf den schwarzen Zwischenzug reagieren muß. Jetzt kann Schwarz nämlich wieder auf A 17 setzen und den weißen Stein A 18 schlagen. Findet Weiß keine Ko-Drohung, setzt Schwarz im nächsten Zug auf C 19 und gewinnt das Ko. Schwarz erobert sieben weiße Steine und acht Schnittpunkte. Das ergibt insgesamt fünfzehn Gewinnpunkte (Diagramm 54.4). Im ersten Fall hat Schwarz sieben Punkte verloren, im zweiten Fall fünfzehn Punkte gewonnen. Man sagt: Das Ko ist zweiundzwanzig Punkte wert.

Ko-Kämpfe erfolgreich zu bestehen, erfordert Erfahrung und die Fähigkeit, Gruppierungen zu erkennen, die für eine Ko-Drohung geeignet sind. Solche Stellungen sind im folgenden Diagramm aufgezeichnet, um den Ablauf eines Ko-Kampfes darstellen zu kön-

nen, stehen in der Praxis aber kaum so isoliert auf dem Brett.
In der Stellung rechts oben entwickelt sich ein Ko. Alle anderen Stellungen sind für Ko-Drohungen geeignet.

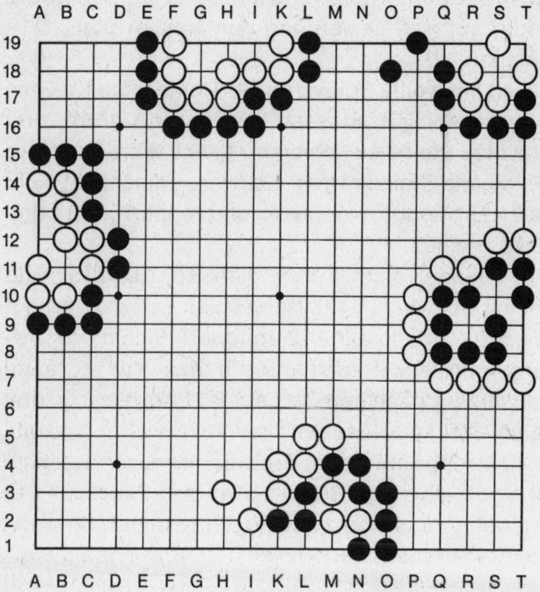

Diagramm 55

Die weiße Stellung in der rechten oberen Ecke lebt, wenn Weiß R 19 besetzen kann und damit sein zweites Auge sichert. Nimmt man aber an, daß Schwarz am Zuge ist und diesen Punkt besetzt, um die Augenbildung zu verhindern, muß Weiß auf Q 19 setzen und den schwarzen Stein schlagen, sonst nimmt dieser im nächsten Zug auf S 18 die drei weißen Steine (R 17, 18 und S 17) gefangen.

Damit ist ein Ko-Kampf eingeleitet, von dessen Ausgang Verlust oder Gewinn der Eckstellung abhängt. Schwarz muß versuchen, einen Zwischenzug zu machen, der für Weiß eine stärkere Drohung ist als der Verlust der Eckstellung und auf den er deshalb reagieren wird.
Eine solche Gelegenheit bietet sich Schwarz in der anderen Stellung am oberen Brettrand an. Er setzt auf G19. Will Weiß nicht die gesamte Gruppe verlieren, muß er mit H19 antworten. Jetzt kann Schwarz wieder auf R19 setzen und den weißen Stein Q19 schlagen.
Nun ist der weiße Spieler an der Reihe, eine Ko-Drohung zu spielen. Er setzt auf K1 und droht, drei schwarze Steine zu schlagen; gleichzeitig würde er drei eigene Steine retten. Schwarz entschließt sich, auf die Drohung zu reagieren und schlägt mit H1 drei weiße Steine.
Weiß wendet sich wieder dem Ko zu (Q19) und schlägt Schwarz (R19). Dann spielt Schwarz erneut eine Ko-Drohung auf A12. Ignoriert Weiß diese Drohung und deckt statt dessen das Ko ab, kann Schwarz im nächsten Zug auf B11 setzen und drei weiße Steine schlagen. Damit wäre die gesamte weiße Gruppe am linken Brettrand verloren. Deshalb schlägt Weiß mit A13 den schwarzen Stein auf A12 und hat gleichzeitig zwei Augen gebildet. Schwarz nimmt wieder das Ko, setzt auf R19 und schlägt Weiß Q19.
Weiß spielt T8. Er droht, im nächsten Zug auf T9 die drei schwarzen Steine (S11, T10, 11) in Atari zu setzen. Die einzige Möglichkeit für Schwarz, diese Steingruppe zu schützen, ist, auf T9 zu setzen und zwei echte Augen zu bilden. Weiß spielt wieder im Ko (Q19) und schlägt den schwarzen Stein (R19). In der hier gezeigten, stark vereinfachten Spielsituation findet Schwarz keine Ko-Drohung mehr. Er setzt deshalb auf H2 und sichert die untere schwarze

Gruppe. Weiß kann jetzt R 19 setzen und hat den Ko-Kampf gewonnen.

Der eben beschriebene Spielablauf ist in der folgenden Tabelle aufgezeichnet:

S	W
1. R19	2. Q19 + (Ko)
3. G19	4. H19
5. R19 + (Ko)	6. K1
7. M1 + 3	8. Q19 + (Ko)
9. A12	10. A13 +
11. R19 + (Ko)	12. T8
13. T9	14. Q19 + (Ko)
15. M2	16. R19

Schwarz hätte nach dem 6. Zug überlegen sollen, ob es nicht vorteilhafter wäre, auf die Ko-Drohung von Weiß nicht zu reagieren und statt dessen das Ko abzudecken. Er hätte sehen können, daß Weiß mehr Möglichkeiten für Ko-Drohungen hat und daß die Stellung in der rechten oberen Ecke wertvoller ist als die am unteren Brettrand.
Ehe man sich auf einen Ko-Kampf einläßt, ist es wichtig, die Anzahl und den Wert der eigenen möglichen Ko-Drohungen sowie die des Gegners zu kennen. Das erscheint Anfängern zunächst als unüberwindbare Schwierigkeit. Sie sollten sich aber nicht zu einer vereinfachten Spielweise verleiten lassen, denn Ko-Kämpfe gehören zum wesentlichen Inhalt des Spiels. Je früher man sich in Übungspartien auf Ko-Kämpfe einläßt, desto schneller wird man die Erfahrungen sammeln, die notwendig sind, um sie erfolgreich bestehen zu können.

Diagramm 56

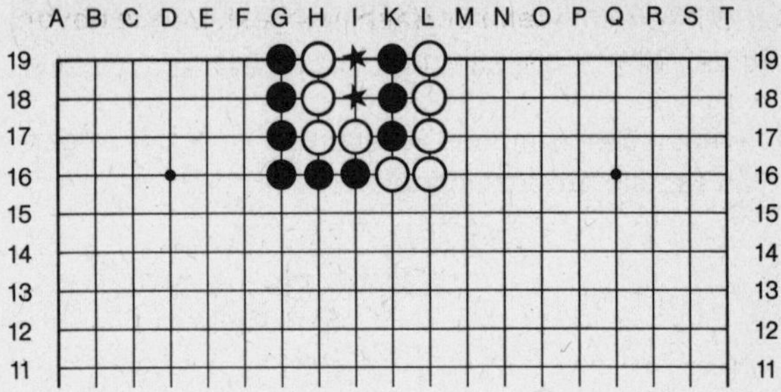

Seki

Im Diagramm 56 ist die vereinfachte Form eines *Seki* dargestellt. Schwarz hat vier weiße und Weiß drei schwarze Steine eingeschlossen. Weder die weißen noch die schwarzen Steine sind mit Steinen der eigenen Farbe fest verbunden. Aber noch leben die belagerten Steingruppen, denn beide haben zwei Freiheiten. Das Besondere an dieser Situation ist allerdings, daß die Freiheiten beiden Parteien gemeinsam gehören. Das Besetzen einer Freiheit des Gegners würde bedeuten, daß gleichzeitig die eigenen Freiheiten auf eine einzige reduziert werden, die dann im nächsten Zug vom Gegner genommen werden könnte und den Verlust der eigenen Steine bedeutete.

Das heißt konkret in diesem Beispiel, daß die beiden Punkte tabu sind. Besetzt Schwarz den einen Punkt, kann Weiß im nächsten Zug auf den anderen setzen und die drei schwarzen Steine schlagen. Setzt Weiß als erster auf einen der beiden Punkte, kann Schwarz entsprechend vorgehen und die vier weißen Steine gefangennehmen.

Da man davon ausgehen muß, daß keiner der Spieler den ersten verhängnisvollen Zug machen wird, bleibt die Spielsituation bis zum Ende der Partie unentschieden.

Es gibt verschiedene Formen des Seki. Einige davon werden in den nächsten Beispielen gezeigt.

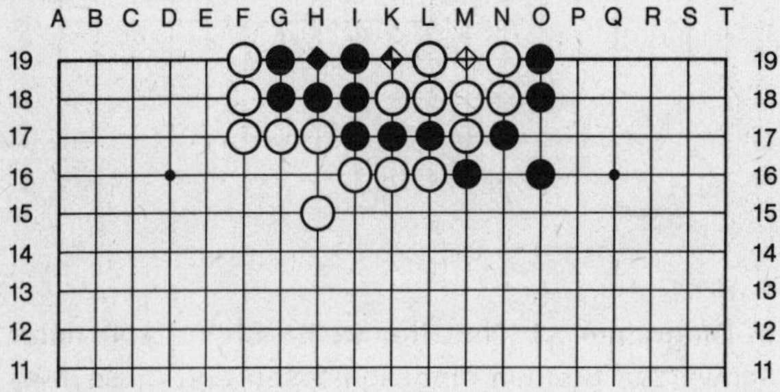

Diagramm 57

Im Diagramm 57 ist ein Seki aufgezeichnet, in dem jede Partei ein Auge besitzt.
Die Spieler haben nur eine gemeinsame Freiheit, nämlich auf dem Punkt ✥. Derjenige Spieler, der diesen Punkt besetzt, verliert im nächsten Zug seine gesamte Steingruppe.

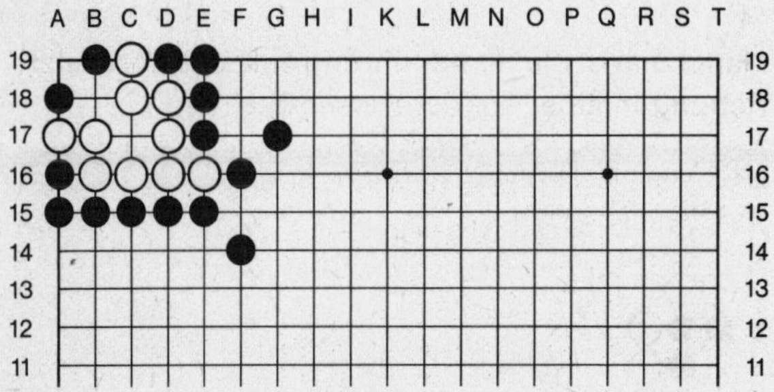

Diagramm 58

Diagramm 58 zeigt ein Seki in der Ecke. Die gemeinsame Freiheit B 18 kann von den beiden Parteien nicht besetzt werden.

Diagramm 59

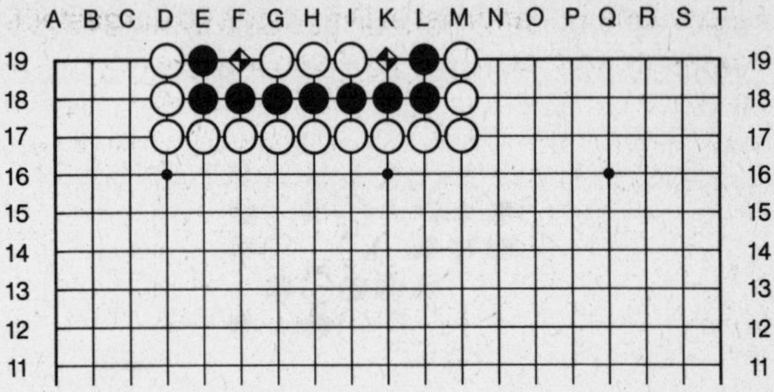

In Diagramm 59 sind drei weiße Steine von neun schwarzen Steinen eingeschlossen und diese wiederum von dreizehn weißen. Die Punkte ◈ sind für beide Spieler tabu.

Wenn Weiß einen der beiden Punkte besetzen würde, könnte Schwarz schlagen und auf den vier freigewordenen Punkten zwei Augen bilden (vgl. S. 57). Ebensowenig kann Schwarz auf ◈ spielen, weil das die Gefangennahme von zehn schwarzen Steinen zur Folge hätte.

Manchmal ist die Herbeiführung eines Seki die letzte Rettung in einer aussichtslosen Stellung.

Diagramm 60

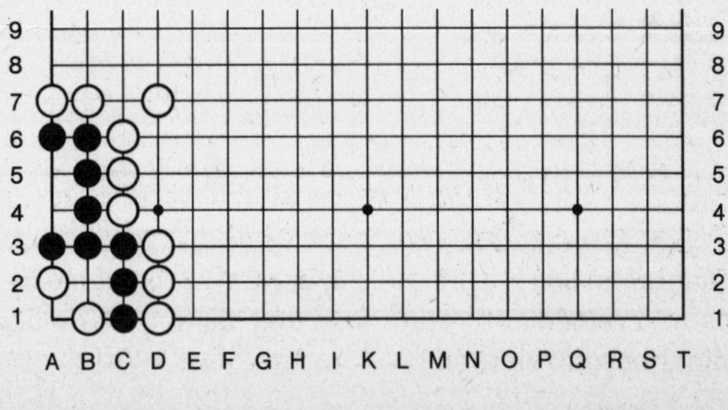

Eine solche Situation ist in Diagramm 60 dargestellt. Wenn Schwarz am Zuge ist, kann er B2 setzen und im nächsten Zug mit A1 die beiden weißen Steine schlagen. Wenn aber Weiß am Zuge ist, kann er ein Seki herbeiführen, indem er auf A4 oder A5 setzt. Schwarz könnte jetzt zwar den weißen Stein auf A4 oder A5 schlagen. Das nützt ihm aber nicht viel, denn er kann auf keinen Fall mehr auf B2 setzen, ohne alle seine Steine zu verlieren.

Da Seki-Stellungen unentschieden sind, werden sie in der Endabrechnung nicht berücksichtigt. Auch Augen, wie in den Diagrammen 57, 58 und 60, zählen nicht.

Es gibt Spielsituationen, die bei flüchtiger Betrachtung für ein Seki angesehen werden können. Die beiden folgenden Beispiele zeigen solche *Scheinseki.*

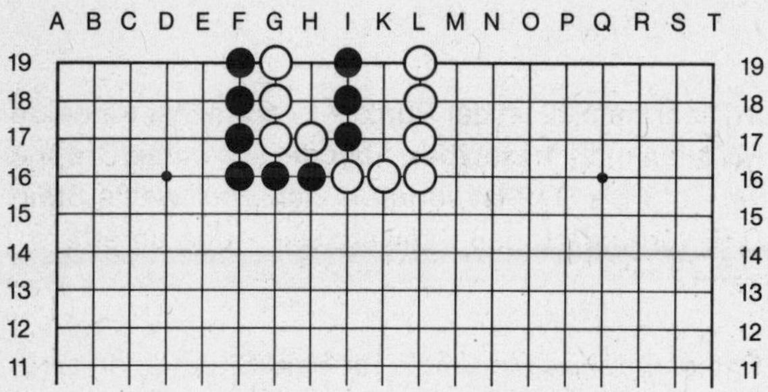

Diagramm 61

Die Stellung in Diagramm 61 ähnelt derjenigen in Diagramm 56. Der entscheidende Unterschied liegt aber darin, daß die weiße Kette von I16 bis L19 die schwarzen Steine nicht eng umschließt. Schwarz kann deshalb, ohne sich selber zu gefährden, auf die

Punkte H18 und 19 setzen und die weißen Steine schlagen.

Diagramm 62

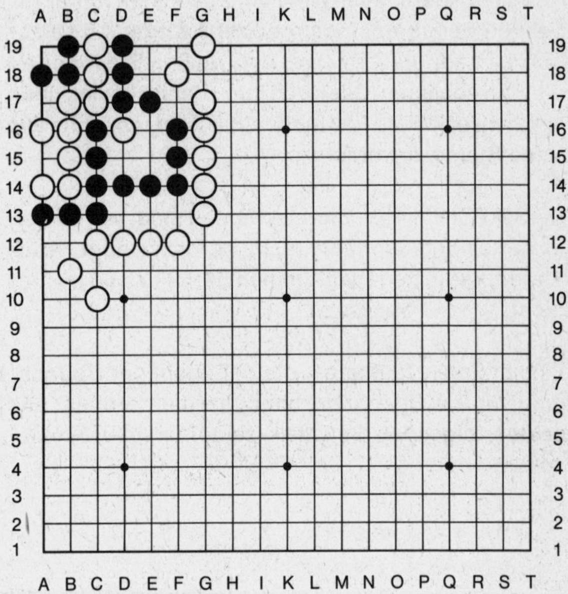

In Diagramm 62 ist der Punkt A17 zunächst für beide Parteien nicht besetzbar. Aber die schwarze Gruppe von A13 bis D19 ist verloren, denn der weiße Stein D16 verhindert, daß Schwarz sein Auge unterteilen kann.

Entscheidende Merkmale für Seki-Situationen sind, daß beide Gruppen vom Gegner eng eingeschlossen sind, zum Schluß eine gemeinsame Freiheit haben und umschließende Steine nicht herausgebrochen werden können.

Der Spielverlauf

Go ist ein Spiel, in dem Strategie und Taktik in einem engen Zusammenhang stehen. Der Anfänger kann sich nicht früh genug damit vertraut machen, wie abhängig beides voneinander ist. Trotzdem wird Go im allgemeinen als ein Spiel der Strategie bezeichnet. Der Aufbau eines Spiels erfordert strategische Planung, während der direkte Kampf der Steine vom taktischen Geschick der Spieler entschieden wird. Strategie ist für den Spielverlauf im ganzen notwendig, Taktik betrifft die lokale Situation.

Beide haben ein gemeinsames Ziel, den Gewinn oder die Verteidigung von Gebieten und Steinen. Taktiken wie Schlagen, Verbinden, Augenbilden müssen diesem Ziel untergeordnet werden, denn jede lokale Schlacht beeinflußt die Gesamtsituation. Man kann deshalb sagen, daß jeder taktische Spielzug von der Strategie bestimmt werden muß.

Die Spielweise wird von der Stärke der Spieler bestimmt. Der starke Spieler greift an, der schwache versucht, seine Position zu sichern, so wenig Gebiet wie möglich abzutreten und wartet auf eine Gelegenheit zum Gegenangriff.

Wenn ein Spieler Initiative ergreift, spielt er *Sente* oder *Vorhand*, d.h. er braucht auf den letzten Zug des Gegners nicht zu reagieren, sondern kann ihn zu bestimmten Verteidigungszügen zwingen.

Das Gegenteil von Sente, die Defensive, heißt *Gote.* Angriffszüge verlieren oft ihre Kraft, deshalb wechselt Sente im Verlauf einer Partie von einer Partei zur anderen. Die Vorhand zu bekommen ist in allen Stadien des Spiels von Vorteil, manchmal werden dafür sogar Steine geopfert.

Das Eröffnungsspiel (Fuseki)

Das Eröffnungsspiel, *Fuseki* genannt, ist danach ausgerichtet, den größten Teil der zukünftigen Gebiete abzustecken. In dieser Spielphase lassen sich die Parteien auf keine Stein-um-Stein-Kämpfe ein, sondern sind bestrebt, auf dem leeren Spielbrett möglichst günstige Positionen in Besitz zu nehmen. Dabei richtet sich das Interesse auf die Eck- und Randlagen, denn hier können Gebiete mit weit weniger Aufwand an Steinen gebildet werden als in der Brettmitte. Das sieht man deutlich auf dem folgenden Diagramm:

Diagramm 63

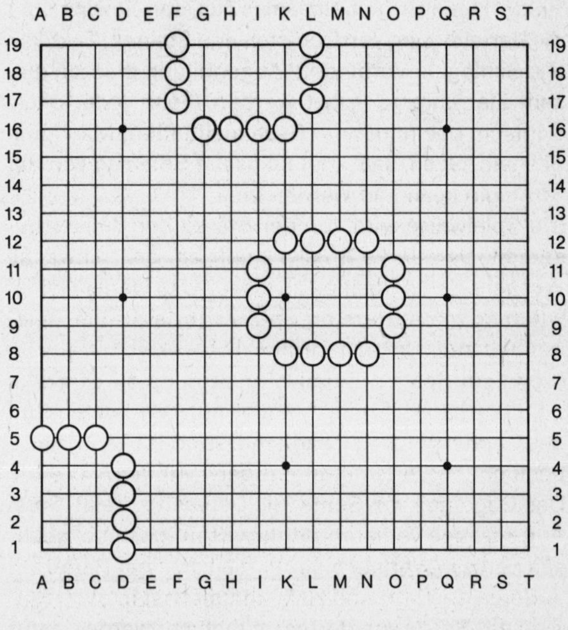

Für ein Gebiet von zwölf Punkten werden in der Brettmitte vierzehn Steine benötigt, am Rande aber nur zehn und in der Ecke sogar nur sieben Steine.

Besetzen der Ecken

Beim Beginn einer Partie besetzen die Spieler zuerst die Ecken. Meist wird dabei auf der 3. und 4. Linie gespielt, da dies besonders günstige Ausgangspunkte für die zukünftigen Gebiete sind, wie das nächste Diagramm zeigt.

Diagramm 64

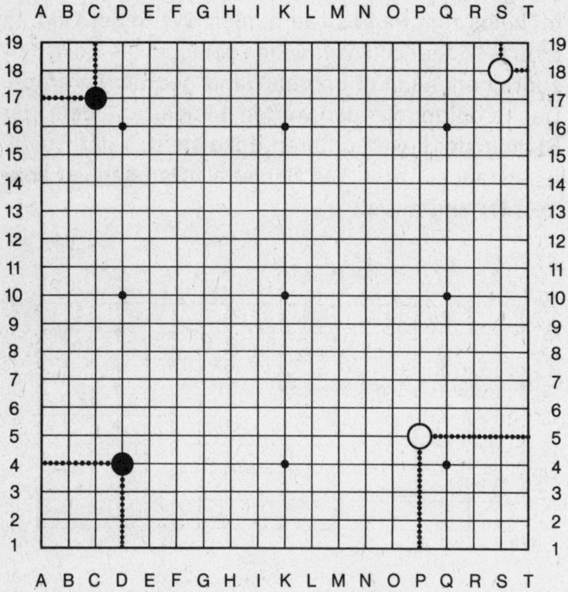

Alle vier Ecken sind besetzt. Die in Aussicht stehenden Gebiete sind hier durch punktierte Linien gekennzeichnet.
Der Stein in der rechten oberen Ecke auf dem Schnittpunkt der zweiten Linien deutet zwar ein Gebiet an, es ist aber sehr klein. Der rechte untere Stein, auf dem Schnittpunkt der fünften Linien, versucht ein großes Gebiet abzustecken. Er ist jedoch weit vom Rand entfernt, und es wird großes Geschick erfordern, diese Ecke zu halten.

Dagegen haben die beiden Steine in der Ecke links oben und links unten eine günstige Position. Sie beanspruchen ein mittelgroßes Gebiet und liegen nahe genug zum Rand, um verbinden zu können.
Die Position, die der Stein links oben auf dem Schnittpunkt der dritten Linien einnimmt wird *San-san* genannt. Sie umfaßt ein sicheres Gebiet und ist mühelos zum Rand zu verbinden. Wenn der Gegner über B 17 oder C 18 versuchen sollte, in die Ecke einzudringen, kann er an den Rand gedrängt werden.
Der Schnittpunkt der vierten Linien, auf dem der Stein in der linken unteren Ecke steht, heißt *Hoshi*. Er umfaßt ein größeres Gebiet als San-san, ist aber leichter angreifbar.

Diagramm 65

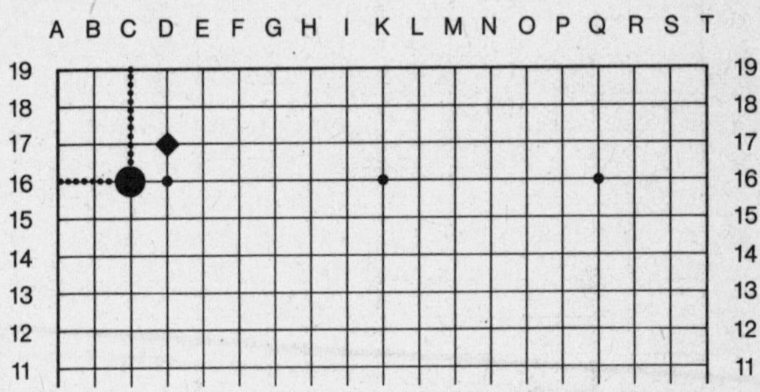

Am häufigsten wird mit *Komoku*, dem Schnittpunkt der dritten und vierten Linie eröffnet, weil er Eckstellung und Seitenausdehnung gleichermaßen beinhaltet (siehe Diagramm). Der Stein könnte auch auf dem Punkt ◆ stehen. Die Schnittpunkte der vierten und fünften Linie (*Takamoku*) und der dritten und fünften Linie (*Mokuhazushi*) werden dagegen nicht so oft verwendet.
Nach dem 4. Zug steht in der Regel in jeder Ecke ein Stein. Als nächster Schritt folgt die Absicherung dieser Steine, womit gleichzeitig eine Vergrößerung des in Aussicht stehenden Gebietes verbunden ist. Zur

Absicherung genügt es, daß dem einzelnen Stein ein zweiter hinzugefügt wird. Es wäre aber äußerst unwirksam, wenn der zweite Stein direkt mit dem ersten verbunden würde. Der effektivste Zug ist vielmehr eine Sprungverbindung, wie bereits auf den Seiten 74ff. beschrieben wurde.

Diagramm 66

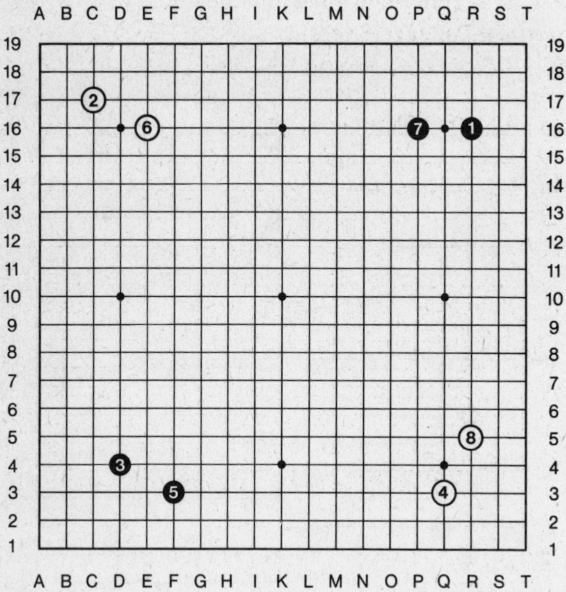

Das Diagramm zeigt einen Spielstand nach dem 8. Zug. In allen vier Ecken haben die Parteien durch indirekte Verbindungen Gebiete abgesteckt, die zunächst ausreichend gesichert sind. Die Gebietsabgrenzungen können später vervollständigt werden, es sei denn, der Gegner versucht, in die Gebiete einzudringen.

Joseki Die taktischen Züge und Kämpfe in den Ecken werden *Joseki* genannt. Es gibt eine umfangreiche Fachliteratur darüber, welches die besten Anfangs- und Angriffszüge sind. Hier werden für den Anfänger nur ein paar einfache Beispiele gezeigt. Die Eckstellungen im vorangehenden Diagramm können als Joseki im Anfangsstadium bezeichnet werden.

1. Beispiel:

Diagramm 67

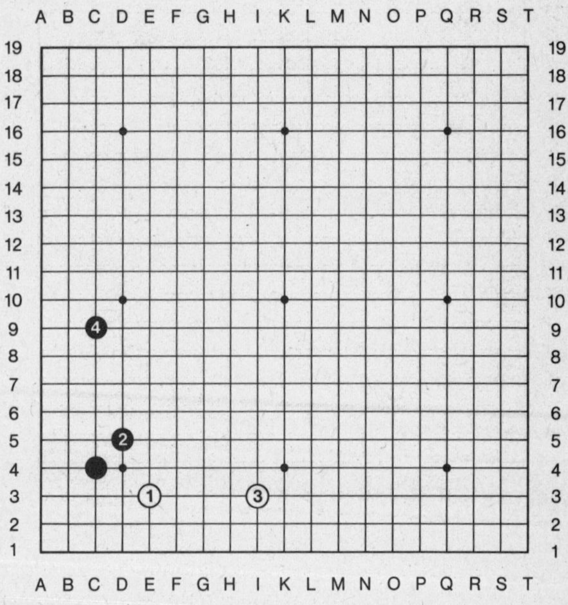

Der Stein auf C4 deutet ein sicheres, nicht zu kleines Gebiet in der Ecke an. Er ist schwer angreifbar und bietet gute Ausdehnungsmöglichkeiten auf E3, E4 oder F3.

Weiß greift mit Kogeima an ①. Schwarz hat vier mögliche Antworten (D4, G3, H3 oder I3). Setzt er auf G3, H3 oder I3, gerät der weiße Stein in die

Klemme von zwei schwarzen Steinen. Das Spiel auf D5 ❷ ist der Anfang einer Gebietsabsteckung am linken Rand oder Ausgangspunkt eines Angriffes auf E3, je nachdem wie Weiß auf diesen Zug reagieren wird. Wenn Weiß im Bereich des unteren Randes auf I3 setzt ③, kann sich Schwarz auf C9 am linken Brettrand mit niederlassen ❹. Setzt aber Weiß am linken Brettrand (C9), kann Schwarz mit H3 oder G3 den weißen Stein auf E3 bedrohen. Weiß müßte dann, um einer Umklammerung zuvorzukommen, auf F4 setzen.

2. Beispiel:

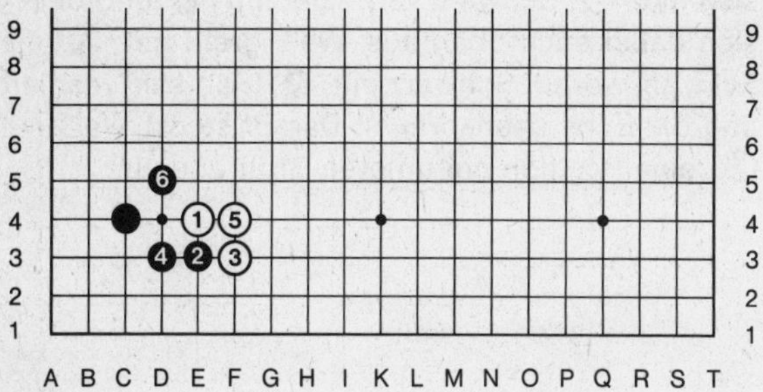

Diagramm 68

Weiß greift über E4 an ①. Schwarz kann darauf mit E3, E5 oder G3 antworten. Schwarz ❷ auf E3 hält Weiß von der Ecke fern. Mit F3 ③ versucht Weiß die schwarze Ausdehnung am unteren Brettrand zu verhindern. Schwarz D3 ❹ vervollständigt den zweiten Zug, und Weiß F4 ⑤ ist die Antwort auf die Schnittdrohung; gleichzeitig üben die weißen Steine auf die schwarze Ecke Druck aus. Um den Umzingelungsversuch von Weiß zu stoppen, muß Schwarz D5 ❻ ziehen und bedroht jetzt die drei weißen Steine. Weiß wird im nächsten Zug entlang des unteren Brettrandes ausweichen.

3. Beispiel:

Diagramm 69

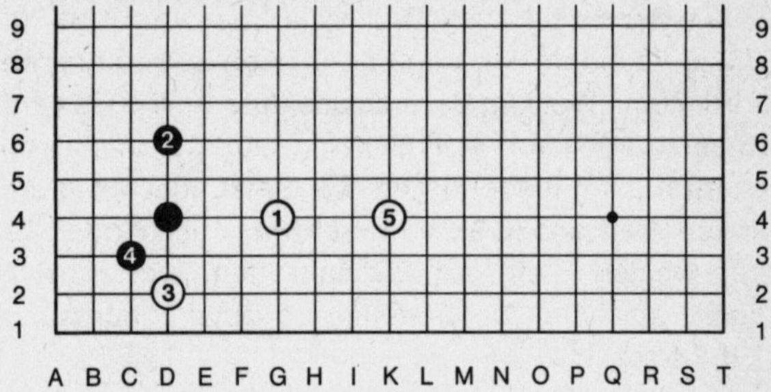

Schwarz hält die Ecke mit Hoshi besetzt. Weiß nähert sich mit ①. Schwarz verbindet mit ❷ und dehnt sich dabei nach oben aus. Weiß greift mit ③ die Ecke an, worauf Schwarz mit ❹ (San-san) reagiert und die Ecke beansprucht. Darauf steckt Weiß mit ⑤ eine Position am unteren Brettrand ab.

Ausdehnung nach den Seiten

Im Diagramm 66 auf S. 99 hat kein Spieler dem Gegner die Ecken streitig gemacht, und deshalb folgt nach diesen Zügen meistens bereits die Ausdehnung nach den Seiten.
Auch für die Absteckung der Gebiete auf den Seiten bieten sich die dritten und vierten Linien als günstige Standorte an. Die Ausdehnungen werden sehr großräumig gespielt und von zwei Überlegungen bestimmt: ein möglichst großes Gebiet zu erringen und nicht zu weit von der Eckbasis entfernt zu sein.
Nach dem 16. Zug sind Ecken und Brettrand locker abgesteckt. Es sind keine wesentlichen Erweiterungen in diesem Bereich mehr möglich. Mit dem 17. und 18. Zug beginnt sich deshalb die Spielsituation

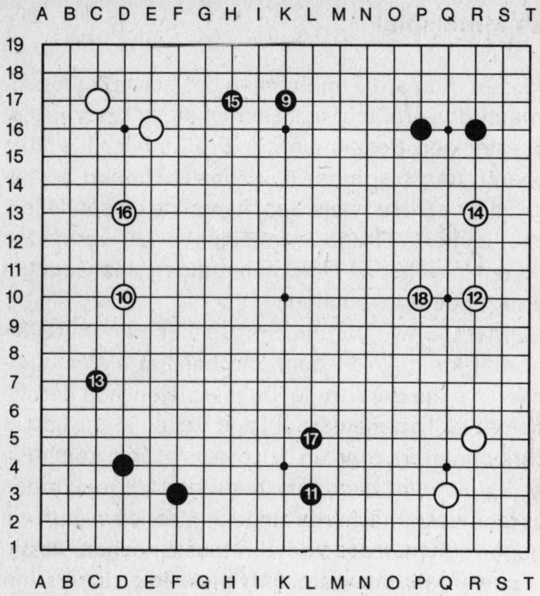

Diagramm 70

zur Mitte hin zu entwickeln. Damit ist das Fuseki zu Ende und das Mittelspiel kommt in Gang.

Natürlich verläuft das Fuseki nicht immer so ruhig wie in diesem Beispiel. Meist sind bereits die ersten Züge in den Ecken von kämpferischen Auseinandersetzungen bestimmt, aus denen sich ein stürmischer Anfang des Mittelspiels entwickelt. Aber alle Fuseki haben bestimmte Gemeinsamkeiten:

- Die ersten Züge werden in den Ecken gemacht, wobei die Spieler bestrebt sind, gleichstarke Positionen zu erobern, um nicht von Anfang an ins Hintertreffen zu geraten.
- Nach dem Schutz der Ecken folgt die Ausdehnung nach den Seiten.
- Das Schwergewicht der Eröffnungszüge liegt auf den 3. und 4. Linien.
- Nach zwanzig bis dreißig Zügen ist das Fuseki in der Regel beendet.

Das Mittelspiel

In dieser Phase, die im Rahmen des gesamten Spielverlaufs den größten Raum einnimmt, gilt es, von den abgesteckten Positionen der Eröffnungszüge ausgehend, unschlagbare Steinkonstellationen zu bilden, die möglichst viele Gebietspunkte einschließen, dabei isolierte Gruppen miteinander zu verbinden und entsprechende Unternehmungen des Gegners zu verhindern versuchen.
In dem Maße, wie sich das Brett immer mehr mit Steinen füllt, kommen die gegnerischen Parteien miteinander in enge Berührung. Dabei spielen sich heftige Kämpfe ab, in denen die auf den Seiten 25 bis 88 beschriebenen Techniken zur Anwendung kommen. Der Spieler darf sich aber nicht den Verlockungen des technischen Kampfs hingeben, sondern muß die Ausgewogenheit des Verhältnisses zwischen Strategie und Taktik, die allein den Spielerfolg sichert, immer im Auge behalten.
Ein Beispiel aus der Übungspartie (s. S. 112) soll dies deutlich machen:
Gegenüber den kleineren Kämpfen in der Eröffnung (etwa bei den Zügen ❺, ⑥ und ❼ oder ⓱, ⑱ und ⓳) signalisiert die konzentrierte Setzfolge der Steine ㉑ bis ㊴ den Kampfstil des Mittelspiels. Nach dem 33. Zug muß Weiß bereits gesehen haben, daß die Stellung seiner Steine ㉘ und ㉚ Angriffsflächen bieten und von den Steinen ⑧, ⑫ und ⑭ isoliert werden können. Dennoch unternimmt er noch keinen unmittelbaren Abwehrzug. Er zwingt vielmehr Schwarz durch ㉞ zum 35. Zug und gewinnt auch noch Gebietspunkte am Brettrand. Auch der 36. Zug dient der Gebietsausweitung, allerdings zwingt er Schwarz zu keinem unmittelbaren Verteidigungszug. Erst nach dem 37. Zug sieht sich Weiß genötigt, die schwarze Bedrohung mit ㊳ abzuwehren.

Das Endspiel (Yose)

Das Endspiel ist erreicht, wenn die Kämpfe abnehmen, die Gebiete stabilisiert sind und nur noch geringfügige Vergrößerungen oder Verkleinerungen erreicht werden können. Da Gewinn oder Verlust einer Partie aber oft von wenigen Punkten Unterschied abhängen, muß man dem *Yose* besondere Bedeutung beimessen.

Das folgende Diagramm zeigt den Ausschnitt eines Spiels, das sich im Endstadium befindet.

Die gegnerischen Ketten berühren sich lückenlos bis auf zwei Punkte (auf Q15, S15), und die Gebiete sind abgeschlossen mit Ausnahme einiger Verbindungen zum Rand, die noch vervollständigt werden müssen. Alle Punkte sind mit ◈ gekennzeichnet. Derjenige Spieler, der am Zuge ist, kann durch den Anschlußstein zum Rand das Gebiet des Gegners um einen Punkt verkleinern.

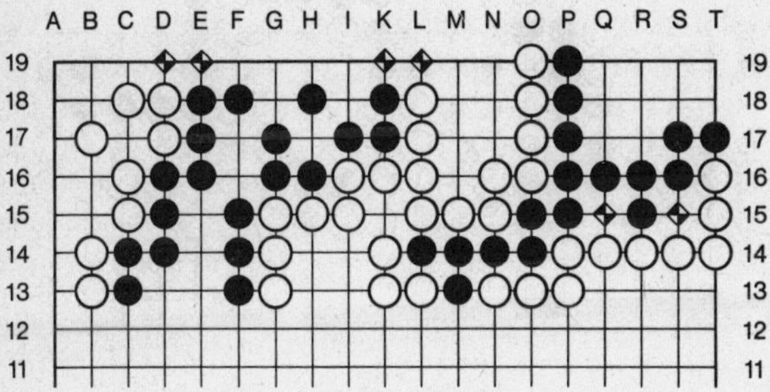

Diagramm 71.1

Wenn Weiß zuerst spielt und sich der linken Position zuwendet, wird er auf E19 setzen und damit in das schwarze Gebiet eindringen. Schwarz kann diesen Stein durch D19 nicht abtrennen, weil er sich in Atari begeben würde, deshalb bleibt ihm als einziger Zug nur übrig, auf F19 abzublocken. Dieser Zug setzt

aber Weiß in Atari, deshalb geht Weiß im nächsten Zug auf D19.
Weiß hat also den schwarzen Spieler gezwungen, sein Gebiet mit F19 statt mit E19 abzuschließen, und damit verkleinert sich das schwarze Gebiet um einen Punkt.
Ist der schwarze Spieler am Zuge, verhält er sich entsprechend:

S W
1. D19 2. C19
3. E19

Die Lösung der Spielsituation bei K19, L19 kann, entsprechend dem eben gezeigten Beispiel, selber gefunden werden.

Das untere Diagramm zeigt den Spielausschnitt, nachdem die Verbindungen zum Rand hergestellt worden sind.

Diagramm 71.2

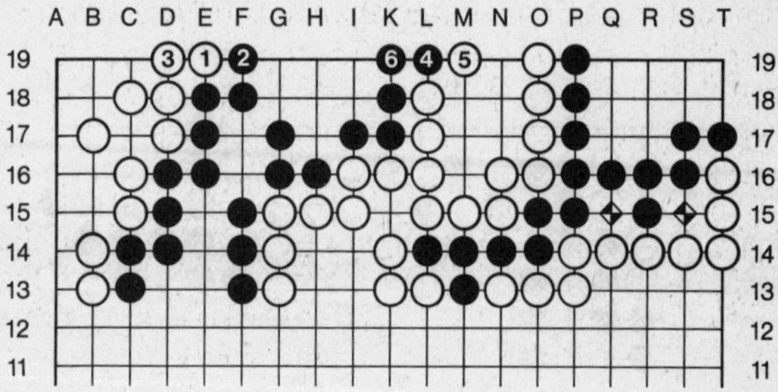

Da-me Die zwei verbleibenden Punkte ◈ in den beiden letzten Diagrammen werden Da-me genannt. Sie sind neutrales Gebiet zwischen weißen und schwarzen Positionen. Keine Partei gewinnt aus ihrer Besetzung einen Vor- oder Nachteil, denn sie können weder in Gebiet verwandelt werden, noch sind sie für

eine evtl. Gefangennahme gegnerischer Steine von Bedeutung.
Um Verwechslungen mit Gebietspunkten zu vermeiden, werden sie am Ende einer Partie einfach mit Steinen aufgefüllt.

Rangstufen der Spieler

Die unterschiedliche Erfahrung und Stärke der Spieler wird in Japan in *Kiu* und *Dan*, in Deutschland in *Spielklassen* eingeteilt. Nach der japanischen Rangordnung erwerben Anfänger nach den ersten Übungspartien *30 Kiu.* Sehr gute Spieler können dann in einigen Wochen oder Monaten den 10. Kiu erreichen. Der höchste Kiu-Grad ist 1 Kiu, danach beginnen die Dan-Grade von 1–9. Der Amateurspieler erreicht aber höchstens den 6. Dan. Die drei letzten Stufen werden nur von japanischen Profispielern erreicht, die jedoch eigene Einteilungen haben: 15–1 Kiu, wobei der 15. Profi-Kiu leistungsmäßig bereits dem 3. Amateur-Dan entspricht; der 1. Profi-Kiu ist etwa so stark wie die stärksten 6-Dan-Amateure. Die Profi-Meistergrade sind 1. bis 9. Profi-Dan. Ein 9. Profi-Dan gibt einem 1. Profi-Dan oder einem 6. Amateur-Dan 3 Vorgabepunkte. Es gibt z. Z. in Japan unter den vielleicht 1000 Profispielern dreißig 9. Dans und weitere fünfzig 8. und 7. Dans. Die beiden bedeutendsten Profi-Turniere sind das *Honinbo Sen* und das *Meijin Sen*, deren jährliche Gewinner sich *Honinbo* (bzw. *Meijin*) nennen dürfen. Das sind die beiden höchsten Titel, die im Go errungen werden können. Die deutschen Spieler können sich natürlich an den japanischen Rangordnungen nur schwer messen. Deshalb wurde für Deutschland ein eigenes Bewertungssystem nach Spielklassen geschaffen. Nach ca. 20 Spielen erreicht man die Klasse 60. In der

Spielklasse 30 (6 Kiu) befinden sich bereits starke Spieler. Die besten deutschen Spieler erreichen die Klasse 10 (5 Dan).

Spielklassen	Amateur-Spieler	Profi-Spieler
5–6		9. Dan
5–6		8.
5–6		7.
6		6.
6		5.
6		4.
6–7	9.	3.
6–7	8.	2.
6–7	7.	1.
8–9	6. Dan	1. Kiu
10–11	5.	.
12–13	4.	.
14–15	3.	15.
16–17	2.	
18–19	1.	
20–21	1. Kiu	
22–23	2.	
24–25	3.	
26–27	4.	
28–29	5.	
30–31	6.	
32–33	7.	
34–35	8.	
36–37	9.	
.	.	
.	.	
.	.	
.	.	
38–60	30.	Anfänger

Das Vorgabespiel

Im Unterschied zu Schach hat Go nicht die totale Niederlage des Gegners zum Ziel. Es ist vielmehr ein Spiel der Koexistenz, in dem die beiden Parteien das Spielbrett unter sich aufteilen. Damit der schwächere Spieler eine faire Ausgangsposition bekommt, wurde das System der Vorgabe entwickelt, d.h. es wird ein Vorsprung von Steinen gestattet, der die unterschiedliche Spielstärke ausgleicht. In der Regel sind das zwei bis neun Steine. Eine höhere Anzahl an Vorgabesteinen wird selten gegeben. Ein Vorgabestein entspricht zwei Spielklassen; in der japanischen Rangordnung entspricht ein Vorgabestein einem Rangunterschied. Wenn ein Spieler der Klasse 30 auf einen Gegner der Klasse 40 trifft, erhält letzterer fünf Vorgabepunkte, oder ein Spieler mit 8 Kiu bekommt sieben Vorgabesteine, wenn sein Partner 1 Kiu hat. Bei einem Rang-Unterschied nimmt der schwächere Spieler die schwarzen Steine. Das bedeutet einen kleinen Vorteil, denn er macht den ersten Zug. Die schwarzen Steine bekommt auch der Spieler, dem eine Vorgabe zugestanden wird. Die Vorgabesteine werden vor Beginn der Partie auf die deutlich markierten Vorgabepunkte gesetzt. In diesem Fall macht Weiß den ersten freien Zug.
Die Vorgabesteine werden auf folgende Punkte gesetzt:

2 Vorgabesteine –	Q 16, D 4
3 Vorgabesteine –	Q 16, D 4, Q 4
4 Vorgabesteine –	Q 15, D 4, Q 4, D 16
5 Vorgabesteine –	Q 16, D 4, Q 4, D 16, K 10
6 Vorgabesteine –	Q 16, D 4, Q 4, D 16, Q 10, D 10
7 Vorgabesteine –	Q 16, D 4, Q 4, D 16, Q 10, D 10, K 10
8 Vorgabesteine –	Q 16, D 4, Q 4, D 16, Q 10, D 10, K 16, K 4
9 Vorgabesteine –	Q 16, D 4, Q 4, D 16, Q 10, D 10, K 16, K 4, K 10

Das Diagramm zeigt einen Spielplan, auf den neun Vorgabesteine gesetzt wurden:

Diagramm 72

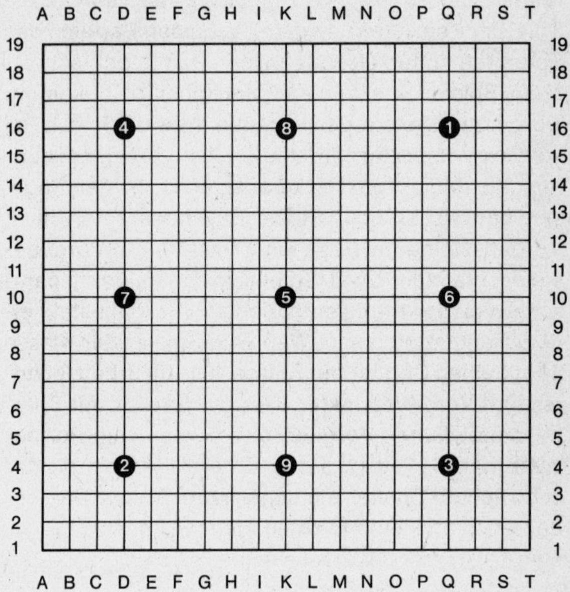

Anhang

Übungspartie

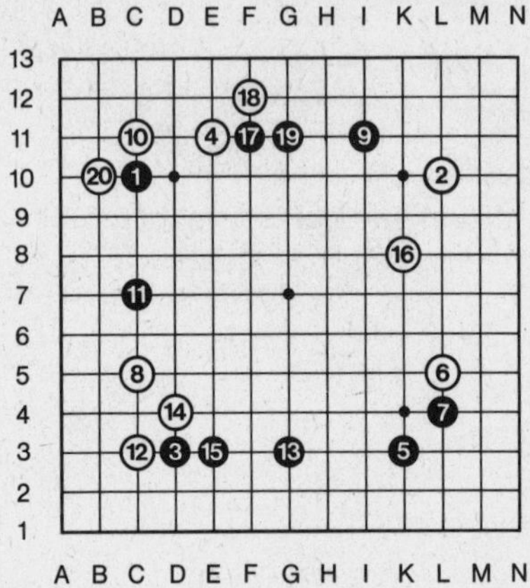

Nach den ersten fünf Zügen sind alle Ecken besetzt. Weiß hat im 4. Zug einen Angriff auf den schwarzen Eckstein ❶ unternommen und darauf verzichtet, die noch freie 4. Ecke rechts unten zu besetzen. Mit ⑥ beansprucht Weiß ein weites Gebiet am rechten Brettrand. Eine Ausdehnung bis in die rechte untere Ecke hinein stoppt Schwarz durch ❼.
In den nächsten Zügen folgen Angriffe auf die besetzten Ecken und Gebietsabsteckungen an den Seiten. Weiß greift im 8. Zug ❸ an. Damit sind die beiden linken schwarzen Ecken bedroht. Auf die verstärkte Drohung durch ⑩ reagiert Schwarz mit ⓫. Mit diesem Zug gerät ⑧ in Gefahr umzingelt zu werden (wenn Schwarz auf D5 setzt). ⑫ bringt Entlastung. (Weiß hätte auch über F3 oder F4 ❸ angreifen können), ⓭ beansprucht ein weites Gebiet am unteren Rand, das Weiß im 14. Zug angreift und von Schwarz durch ⓯ abgewehrt wird. Der letzte schwarze Zug war dringend notwendig, sonst könnte Weiß auf diese Position setzen und in das schwarze Gebiet eindringen. ⑯ und ⓱ sind keine günstigen Züge. Weiß hätte

sein Gebiet besser auf L8 abgesichert. Allerdings versäumt es Schwarz, diesen Fehler auszunutzen und über L7 die weißen Steine zu trennen. Statt dessen verstärkt er ❾ und steckt eine Position am oberen Rand ab. Mit ⑱ und ⑳ festigt Weiß seine Eckstellung, wobei er gleichzeitig sein Gebiet etwas ausdehnt. Schwarz muß mit ⓳ seine Stellung stärken. Diesen Zweck würde ein Zug auf G12 nicht erfüllen. Schwarz würde vielmehr einen Stein verlieren, weil Weiß durch G11 ⓱ in Atari setzen könnte. Schwarz müßte über F10 fliehen, worauf Weiß mit H12 den schwarzen Stein auf G12 in eine hoffnungslose Situation brächte (vgl. S. 34/35).

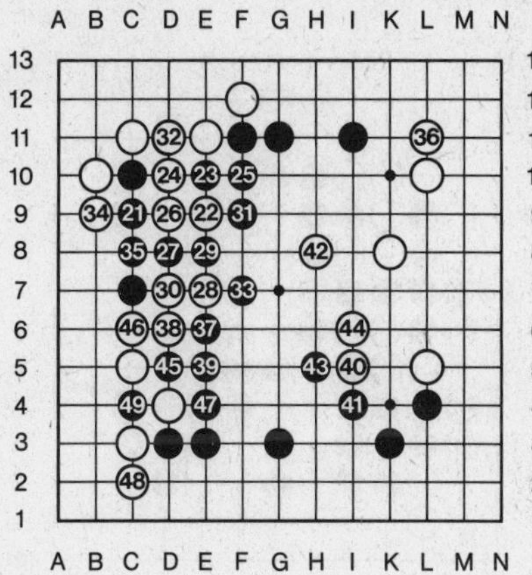

Auf ㉑, der die schwarze Stellung am linken Brettrand stärken soll, folgt ㉒ mit der Absicht, die drei linken schwarzen Steine zu isolieren. Die Züge 23–33 zeigen die erfolgreiche Abwehr des weißen Angriffs. Die schwarzen Steine am linken Rand sind jetzt mit der schwarzen Position in der Brettmitte sicher verbunden. Auch ㉞, der das weiße Gebiet etwas vergrößert und gleichzeitig zwei schwarze Steine in Atari setzt, ist keine ernste Gefahr, denn ㉟ verbindet solide.

Mit ㊱ kommt Weiß einer schwarzen Gebietserweiterung zur rechten oberen Ecke hin zuvor. Effektiver wäre allerdings der Zug auf K11 gewesen, denn dadurch hätte Weiß sein Gebiet vergrößert. Mit ❸❼, der zwei weiße Steine in Atari setzt, versucht Schwarz, die weiße Stellung am linken Rand anzugreifen. Die Abwehr mit ㊳ macht aber ❸❾ nötig.
Die Züge 40–44 bringen Weiß eine beträchtliche Erweiterung seines Gebietes am rechten Brettrand.
Noch einmal bedroht Schwarz mit ❹❺, aber ㊻ verbindet. Auf das Atari durch ❹❼ geht Weiß nicht ein, sichert sich statt dessen mit ㊽ wertvolle Gebietspunkte in der Ecke. ❹❾ nimmt einen weißen Stein gefangen.

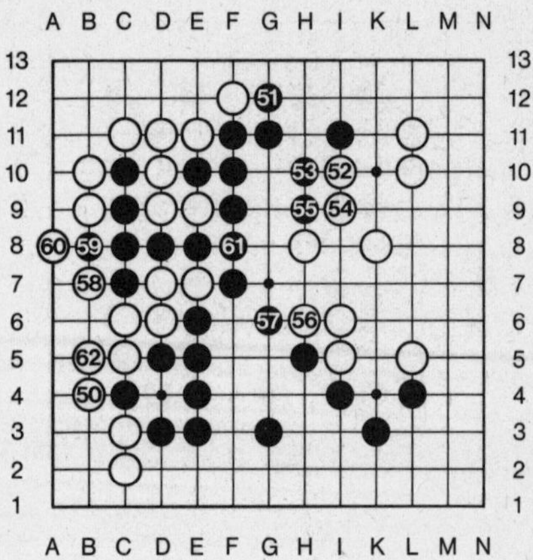

㊿ ist ein notwendiger Zug, um das weitere Vordringen von Schwarz zu stoppen. Mit ❺❶ wird der weiße Stein auf G 12 bedroht. Weiß verzichtet aber auf eine Absicherung zugunsten des einträglicheren Zuges ㊾52 . Schwarz kommt jetzt nicht mehr dazu, seinen Angriff auf G 12 weiterzuführen, sondern muß mit ❺❸ , ❺❺ und ❺❼ die weiße Gebietsausdehnung abblocken.
㊺58 bereitet die Verbindung der beiden weißen

Steingruppen auf der linken Bretthälfte vor, die (59) nicht verhindern kann, weil daraufhin (60) folgt. Jetzt ist (61) ein notwendiger Zug, sonst sind sieben schwarze Steine verloren.
Um einem schwarzen Doppelangriff auf B6 zuvorzukommen, der für Weiß einen Verlust der fünf Steine um D6 oder zumindest des Steines auf B7 und damit die Trennung der beiden Steingruppen mit gleichzeitiger Gebietsverkleinerung zur Folge hätte, setzt Weiß (62).

Das Spiel hat nun einen Stand erreicht, in dem die Gebietsaufteilung deutlich erkennbar ist. Schwarz beansprucht Gebiete entlang dem unteren Brettrand und in der Brettmitte. Weiß hat Gebiete entlang dem linken und rechten Brettrand abgesteckt.
Während sich auf der linken Bretthälfte die gegnerischen Stellungen bereits eng berühren und nur an den beiden Stellen am oberen und unteren Brettrand (etwa bei D1 und F13), wo die Gebietsketten noch nicht am Rand abschließen, kleine Punktgewinne bzw. -verluste erreicht werden können, bieten sich auf der rechten Bretthälfte noch zahlreiche Möglichkeiten für Endspielkämpfe an.

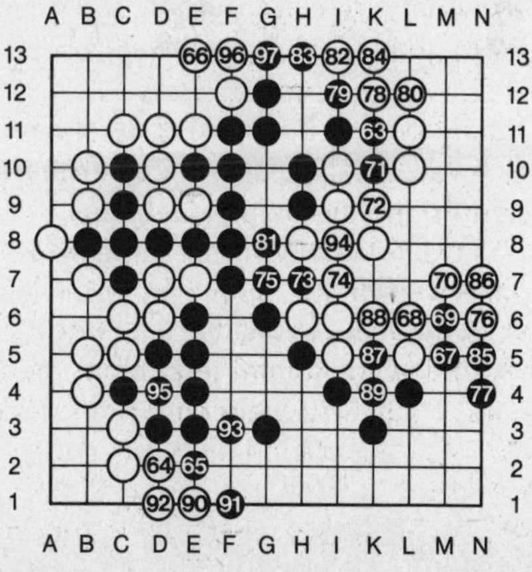

Mit ⓺③ wendet sich Schwarz der rechten Bretthälfte zu. Es wäre günstiger gewesen, zunächst den Abschluß des Gebietes am unteren Rand auf D2 anzustreben, denn jetzt folgt (64), und das bedeutet eine Verkleinerung des schwarzen Gebietes. (Allerdings macht auch Weiß hier einen Fehler, denn er hätte E1 oder F1 setzen und Schwarz erhebliche Punktverluste zufügen können.) Schwarz muß (65) setzen.
(66) sichert den bedrohten Stein auf F12. Es wäre für Weiß vorteilhafter gewesen, zunächst das Gebiet am rechten Rand zu sichern, denn jetzt gelingen Schwarz in den Zügen 67–70 einige Punktgewinne.
In den folgenden Zügen verdichten sich die noch unvollständigen Ketten auf der rechten Bretthälfte. Nach dem 89. Zug sind die Möglichkeiten erschöpft, und es müssen nur noch die Abschlüsse am unteren und oberen Brettrand geklärt werden.
Während dieser Endphase mußte Schwarz die wichtigen Züge (77) und (93) machen. (77) auf N5 war nicht möglich. Weiß hätte seinen nächsten Zug auf M4 machen und Schwarz durch N7 einen weißen Stein schlagen können. Wenn dann aber Weiß auf N4 gezogen hätte, wäre die schwarze Steingruppe um M6 verloren gewesen.
(93) mußte gesetzt werden, um zu verhindern, daß Weiß über F2 in das schwarze Gebiet eindringt.

Nach dem 97. Zug ist das Spiel beendet.
Schwarz setzt den im 49. Zug eroberten Stein auf einen Punkt des weißen Gebietes.
Das Gebiet von Schwarz umfaßt 31 Punkte, das von Weiß 41 Punkte. Somit hat Weiß die Partie mit 10 Punkten gewonnen.

Go-Vokabular

Affengleitbahn Ogeima-Zug auf der Randlinie, mit dem weit in das gegnerische Gebiet hineingesprungen werden kann.

Atari Die unmittelbare Bedrohung, die der Gefangennahme vorausgeht. Steine oder Steingruppen befinden sich in Atari, wenn sie nur noch eine einzige Freiheit besitzen.

Auge Unbesetzter Schnittpunkt, der von gleichfarbigen Steinen lückenlos umgeben ist.

Bambus-Verbindung Doppelte einpunktige Verbindung, die nicht getrennt werden kann.

Dan Japanischer Meistertitel.

Da-me Neutrale Punkte zwischen feindlichen Gebietsgrenzen, aus deren Besetzung keine Partei einen Vor- oder Nachteil gewinnen kann.

Doppel-Atari Die gleichzeitige Bedrohung zweier verschiedener Steine oder Steingruppen mit einem einzigen Zug.

Einpunktiger Sprung Verbindung zweier Steine mit einem Punkt Zwischenraum.

Falsches Auge Unbesetzter Schnittpunkt, der von gleichfarbigen Steinen so umgeben ist, daß einer oder mehrere Steine herausgebrochen werden können.

Freiheit An einen Stein oder eine Steingruppe unmittelbar angrenzender unbesetzter Schnittpunkt.

Fuseki Die Eröffnungsphase eines Spiels, in dem in der Regel Ecken und Seiten besetzt werden.

Gefangennahme Das Schlagen gegnerischer Steine.

Gerader Balken Taktik des Fangens von Steinen, die auf der Randlinie stehen.

Geta Fangen aus der Entfernung; wird häufig anstatt oder mit einer »Treppe« angewendet.

Gote Das Gegenteil von Sente.

Honinbo und Meijin sind die beiden höchsten Go-Titel. Sie werden jedes Jahr durch jeweils maximal sieben Spiele des Titelhalters gegen einen Herausforderer ausgespielt. Neuer Honinbo (bzw. Meijin) ist derjenige, der zuerst vier Partien gewonnen hat.

Hoshi Schnittpunkte der 4. Linien.

Ikken-Tobi Siehe »einpunktiger Sprung«.

Joseki Bestimmte taktische Züge und Kämpfe in den Ecken.

Keima Siehe »Rösselsprung«

Kiu Japanische Rangeinteilung der Spieler.

Ko Spielsituation, in der ein einzelner Stein geschlagen wurde und der Gegner erst nach einem Zwischenzug zurückschlagen darf.

Ko-Drohung Zwischenzug in der Ko-Situation, auf den der Gegner zur Vermeidung größeren Verlustes reagieren muß.

Kogeima Kleiner Rösselsprung.

Komoku Schnittpunkte der 3. und 4. Linien.

Kosumi Verbindung von Steinen über die Diagonale.

Leiter Siehe »Treppe«.

Mausefalle Das Opfern eines Steins, um die Freiheiten einer gegnerischen Gruppe auf eine einzige zu reduzieren, die dann besetzt werden kann.

Me Siehe »Auge«.

Meijin Siehe Honinbo.

Mokuhazushi Schnittpunkte der 3. und 5. Linien.

Nakate Das Besetzen der Schlüsselpositionen in einer Gruppe mit drei freien inneren Punkten.

Niken-Tobi Siehe »Zweipunktiger Sprung«.

Ogeima Großer Rösselsprung.

Opfersteine Steine, die geopfert werden, um eine Spielsituation zu erzwingen, in der dem Gegner ein größerer Schaden zugefügt werden kann.

Rösselsprung Steinverbindungen, die in der Form dem Zug des Springers im Schachspiel ähnlich sind. Man unterscheidet den »Kleinen Rösselsprung« mit einem Punkt Zwischenraum und den »Großen Rösselsprung« mit zwei Punkten Zwischenraum.

San-san Schnittpunkt der 3. Linien.

Saru tobi Siehe »Affengleitbahn«.

Seki Unentschiedene Spielsituation.

Semeai Tötungswettkampf; Steingruppierungen, in denen sich die beiden Parteien gegenseitig isoliert haben.

Sente Siehe »Vorhand«.

Shicho Siehe »Treppe«.

Schräger Balken Siehe »Treppe«.

Takamoku Schnittpunkte der 4. und 5. Linien.

Treppe Fangtechnik, in der die Steine auf einen Fluchtweg in Treppenformation zum Rand hin gezwungen werden, wo sie verloren sind.

Vorgabepunkte Siehe »Vorgabespiel«.

Vorgabespiel Zum Ausgleich unterschiedlicher Spielstärke wird dem schwächeren Spieler ein Vorsprung von Steinen gestattet, die auf die Vorgabepunkte gesetzt werden.

Vorhand Ein Spieler hat Vorhand, wenn er auf den letzten Zug des Gegners nicht einzugehen braucht.

Watari Einpunktiger Sprung auf der 2. Linie.

Yose Die Endphase eines Spiels, in der die Gebiete stabilisiert sind und nur noch geringfügige Vergrößerungen oder Verkleinerungen erreicht werden können.

Zweipunktiger Sprung Verbindung zweier Steine mit zwei Punkten Zwischenraum.

Kontaktadressen (Stand 1977)

Aachen
Go-Klub Aachen, Leo Prümmer, Birkenstr. 25, 5100 Aachen
Wolfgang Ströher, Saarstr. 2, 5100 Aachen

Babenhausen
Uwe Friedrich, Südring 29a, 6113 Babenhausen

Bergisch-Gladbach
O. Brückner, Am Reifenbusch 9, 5070 Bergisch-Gladbach

Berlin
Nihon Ki-in Chapter Berlin, Fritz John, Emser Str. 40, 1000 Berlin 15
Berliner Go-Klub, Manfred Venz, Innstr. 49, 1000 Berlin 41
Go-Verband Berlin, Horst Ringhoff, Livländische Straße 26, 1000 Berlin 31
Deutsch-japanischer Go-Club, Wilfried Ewald, Latosweg 50, 1000 Berlin 28
Weddinger Go-Club, W. Fischer, Ostender Str. 11, 1000 Berlin 65

Bielefeld
Go-Klub Bielefeld, R. Bellmann, Droste-Hülshoff-Straße 14, 4800 Bielefeld 1
Hermann Hueber, Dattelstr. 4, 4803 Steinhagen

Bochum
Go-Club Bochum, H.-A. Sudhoff, Hattinger Str. 413, 4630 Bochum 1
Jürgen Alt, Alleestr. 52, 4630 Bochum 1

Bonn
Bonner Go-Club, Gunther Peter, In der Held 33,
5307 Wachtberg-Niederbachem
G. Schippers, Riemenschneiderstr. 2, 5300 Bonn-Bad Godesberg

Braunschweig
Braunschweiger Go-Club, Dr. G. Schildt,
Kasernenstr. 21, 3300 Braunschweig
E. Krause, Leisewitzstr. 5, 3300 Braunschweig

Bremen
D. Pfennig, Vegesacker Heerstr. 17a, 2820 Bremen 70

Dillingen
K. Taglinger, H.-v.-Knoeringen-Str. 12,
8880 Dillingen

Darmstadt
Dr. J. Niemann, Steinackerstr. 11, 6100 Darmstadt

Dortmund
Rüdiger Bürow, An der Kluse 11, 4600 Dortmund 30a

Düsseldorf
Go-Gruppe Düsseldorf, R. Frhr. v. Wangenheim,
Duisburger Str. 27, 4032 Lintorf
H. J. Kesting, Bismarckstr. 32, 4010 Hilden

Erlangen
B. Gaißmaier, Rennestr. 36, 8520 Erlangen

Frankfurt
Kurt Dueball, Humboldtstr. 22, 6000 Frankfurt/Main

Freiburg
Heinz Klein, Sigsteinstr. 24, 7800 Freiburg
A. v. Alvensleben, R.-Schneider-Str. 45, 7800 Freiburg

Garbsen
Go-Club Garbsen, Andreas Landmann, Tilsiter Str. 2, 3008 Garbsen 4
M. Schensny, Birkenweg 35, 3008 Garbsen 4

Göppingen
W. Peppel, Im Asang 1, 7320 Göppingen

Göttingen
H.-J. Kiepe, Am Klausberge 35, 3400 Göttingen

Hamburg
Dr. K. Lehwald, Zimmerpforte 4, 2000 Hamburg 1
Michael Katscher, Ackermannstr. 14, 2000 Hamburg 76

Hannover
Go-Abt. RSV Hannover, H. Buttstädt, Salzburger Straße 13a, 3000 Hannover 81
W. Dörholt, An der Silberkuhle 4, 3000 Hannover 51

Herzberg
J. Hartmann, Rich.-Wagner-Str. 10, 3420 Herzberg

Kempten
L. Tröger, Stifallmay 6, 8960 Kempten

Köln
K. F. Köhne, Niehler Kirchweg 73, 5000 Köln 60

Lübeck
Go-Club Lübeck, W. Hentschel, Marlistr. 100, 2400 Lübeck
M. Göpfert, An der Untertrave 17, 2400 Lübeck

Mainz
Uwe Schmidt, Ricarda-Huch-Str. 3, 5500 Mainz

Marl
Go-Gruppe Tengen Marl, Dr. H.-K. Nonnenkamp, Lausitzer Str. 3, 4370 Marl
A. Einnatz, Maybachstr. 56, 4350 Recklinghausen

München
Go-Klub München, K.-E. Paech, Ahornstr. 12, 8032 Lochham

Münster
Go-Gruppe Münster, B. Neukäter, Frauenstr. 40, 4400 Münster

Neustadt/Aisch
Go-Gruppe Neustadt/Aisch, Peter Koch, Forst 78, 8531 Gerhardshofen

Nürnberg
R. Grethlein, Rankestr. 77, 8500 Nürnberg
G. Obertanner, Muggenhofer Str. 160, 8500 Nürnberg

Rheda
Karl-Heinz Maas, Berliner Str. 30, 4840 Rheda

Rohrbach
A. Haselmaier, Kaiserstr. 62, 6672 Rohrbach

Sprendlingen
BfV-VHS Go-Gruppe Sprendlingen, Walter Schäfer, Neuhofstr. 10, 6072 Dreieich
G. Nassiokas, Frankfurter Str. 56, 6072 Dreieich

Stuttgart
Hans Strecker, Ringstr. 7, 7031 Magstadt

Tübingen
Prof. Dr. F. Lenz, Bohnenberger Str. 21, 7400 Tübingen

Ulm
Ulmer Go-Gruppe, Bernd Jonsson, Ravensburger Straße 8, 7900 Ulm 10

Wiesbaden
Go-Gruppe Wiesbaden & Mainz, Roland Grutter, Hallgarter Str. 1, 5200 Wiesbaden

Wilhelmshaven
Dr. Klaus Heine, Kleiststr. 67, 2940 Wilhelmshaven

Würzburg
Dr. H. Gensch, Eichendorffstr. 2, 8702 Gerbrunn

Wuppertal
Prof. Dr. E. Ossa, Taubenstr. 7, 5600 Wuppertal-Barmen 2

Go-Literatur

Auf Grund der Tatsache, daß spezielle Bücher über das Go-Spiel in der Regel weder in Buchhandlungen noch in Bibliotheken zu bekommen sind, sei dem Interessierten geraten, sich an die oben aufgeführten Adressen zu wenden, da dort meist umfangreiches Material erhältlich ist. Wer Go-Zeitungen abonnieren möchte, der kann das bei folgenden Adressen machen:

Deutsche Go-Zeitung (erscheint jeden 2. Monat)
zu beziehen über: Ratbod Freiherr von Wangenstein, Duisburger Str. 27, 4032 Lintorf

Go-Magazin (erscheint jeden Monat)
zu beziehen über: Andreas Landmann,
Tilsiter Str. 2, 3008 Garbsen 4

Das älteste Brettspiel der Welt

Preisgünstige Ausgabe
Geeignet für Reise
+ Urlaub

Dieses einzigartige Strategie- und Konzentrationsspiel, vor Jahrtausenden in China erfunden, hat auch in Europa unzählige passionierte Anhänger.
Vor dem Spielplan mit 18 mal 18 Feldern sitzen sich zwei Spieler gegenüber. Jeder besitzt 180 Spielsteine. Mit taktischen Überlegungen und äußerster Aufmerksamkeit versuchen beide, mit den eigenen Spielsteinen möglichst große Gebiete zu besetzen und gegnerische Steine durch Umzingeln zu erobern. Dafür gibt es eine überwältigende, faszinierende Fülle spielerischer Möglichkeiten.
Ein 60-Minuten-Spiel für 2 Personen in hervorragender Ausstattung für passionierte Go-Spieler, mit massivem Holz-Spielbrett, Original-Go-Steinen und einer umfassenden Spielanleitung.